集人文社科之思 刊专业学术之声

刊　　　名：区域史研究
主办单位：中山大学岭南文化研究院
主　　编：温春来（中山大学岭南文化研究院）
副 主 编：黄国信（中山大学岭南文化研究院）
本期执行主编：温春来（中山大学岭南文化研究院）

REGIONAL STUDIES

编辑委员会（按姓氏拼音排序）

杜丽红（中山大学）　　冯筱才（华东师范大学）　　贺　喜（香港中文大学）
黄国信（中山大学）　　黄志繁（南昌大学）　　　　刘永华（复旦大学）
王东杰（清华大学）　　温春来（中山大学）　　　　谢晓辉（中山大学）
杨国安（武汉大学）　　余新忠（南开大学）　　　　张　侃（厦门大学）
张瑞威（香港中文大学）

编辑部主任： 李晓龙（中山大学）
编　　审： 任建敏　梁结霞
自媒体编辑： 肖敞良

微信公众号： Regional_History
投稿邮箱： lingnanculture@126.com

2019年创刊号（总第1辑）

集刊序列号：PIJ-2018-326
中国集刊网：http://www.jikan.com.cn/
集刊投约稿平台：http://iedol.ssap.com.cn/

创刊号 （总第1辑）

区域史研究

REGIONAL STUDIES

主编 | 本期执行主编 | 温春来

社会科学文献出版社
SOCIAL SCIENCES ACADEMIC PRESS (CHINA)

发刊词

呈现在读者面前的，是一本新的刊物，名为《区域史研究》。顾名思义，是为区域史研究者提供一个分享最新研究、交流最新思想的平台。

区域史是一个数十年来颇受关注的历史学研究取向。区域研究是一个和地方研究看上去很相似的概念，但实际上两者的学术意义有很大的区别。对一个地方的范围的认定，可以是一个地理范围，如珠江三角洲、杭州湾等，也可以是一个行政范围，如潮州府、莆田县等，这些都是有较为清晰的地理或者行政界线的，在此层面上，无须论证地方何以能够称为地方。但区域不同，区域之所以称为区域，缘于其内在意义，这种意义可能是经济上的，可能是族群上的，可能是文化上的，也可能是宗教上的内在联系，而归根结底，是人的联系。正是在人的互动中，研究者可以发现一个有意义的范围，这个范围就是一个"区域"。从不同的问题意识出发，这个有意义的范围存在差异，它可以是一个村落，可以是一个省区，可以是一个国家，可以是两个或多个国家之间的一片地域，也可以是若干国家和地区。对一些研究者而言，区域是一个不言而喻的既有存在，划定区域，然后开展研究。但对我们而言，历史上人们的互动如何形成在某个视角下有意义的"区域"，恰恰是区域史研究的核心问题。

施坚雅（William Skinner）的区域体系理论是中国区域研究中的重要范例，其研究从人的行为出发，打破了以政区为界线划分中国地域的传统思维，而以江河流域作为区域划分的基本决定因素，以商业腹地为核心，强调市场在社会结构的整合作用，在此基础上构建出具有中心－边缘层次的区域。20世纪60年代，在施坚雅、弗里德曼（Maurice Freedman）等人类学家的影响之下，以魏斐德（Frederic Wakeman）、孔飞力（Philip A. Kuhn）为代表的学者开始引入市场结构、区域研究到近代社会史研究上。20世纪80、90年代，中山大学、厦门大学、香港中文大学及耶鲁大学等代表性高校的历史学者与人类学者，以华南为试验场，结合历史文献与田野调查，从区域出发，尝试理解中国传统社会结构的演变，形成了具有鲜明特点的"华南研究"。近年来，区域史研究的成果层出不穷，学者在论及自己所做区域史研究的时候，往往也不再需要像二三十年前的前辈们那样，对自己为何选择一个区域而非以中国作为整体研究对象，以及这一区域是否具有"代表性"进行解释或者辩护了。

以区域为研究对象，如今似乎成为一个不言而喻的路径。但许多研究，却局限在一个狭窄的范围内自说自话，呈现出了令人担忧的"碎片化"现象；有的研究者也力图超越自己的研究对象进行论述，却沦为既有解释框架的注脚。区域史研究，一方面要对区域对象进行研究，另一方面要在其中呈现一种"理"。这种"理"，不只是针对研究者个人，还要能引起其他历史学家乃至其他学科学者们的共鸣。这就要求，不管研究的实际范围大小如何，区域史研究者一定要具有强烈的问题意识以及整体的历史感，而且要眼界开阔，积极与其他人文学科与社会科学交流对话，在立足于史学学科本位的同时，体现出积极的理论自觉。

当前有关区域史研究的论文虽已多见于各学术刊物中，但本刊仍希望给研究者提供一个新的平台，展现区域史研究的当前动向、思考认识与最新成果。《庄子》云："日月出矣而爝火不息，其于光也，不亦难乎！"我们虽渺如爝火，不能有裨于日月之光，但亦愿以一孔之见、一缕之明，献芹于尊前。

区域史研究·创刊号
Regional Studies

总第 1 辑
2019 年 6 月出版

发刊词 ………………………………………………………… / i

学人访谈

区域史研究的旨趣与路径
　　——刘志伟教授访谈 ………………………… 刘志伟　任建敏 / 3

专题研究

清代西樵的聚落形态与社群组织：一部动态的区域社会史
　……………………………………………………………… 陈海立 / 39
从抚瑶到设州：明代广东岭西地区治理策略的演变 ……… 任建敏 / 67
清代广东发帑收盐的地方运作与盐场宗族
　　——以东莞《凤冈陈氏族谱》为中心 ………………… 李晓龙 / 87
清朝建置九龙寨城过程中的收地拆屋赔偿问题 ………… 张瑞威 / 112
清末民初幕友的交游网络
　　——以刘乃勋《一庐全集》为中心 …………………… 卜永坚 / 128
军代民差：明代贵州的驿站管理与卫所军役 …………… 张楠林 / 142

书　评

评 William Guanglin Liu, *The Chinese Market Economy*, 1000–1500
　………………………………………………………………… 韩燕仪 / 163

评 Giorgio Riello，*Cotton: the Fabric That Made the Modern World*
.... 王雪莹 / 168
评王东杰《国中的"异乡"——近代四川的文化、社会与地方认同》
.... 王　洪 / 175
评卢露《从桂省到壮乡：现代国家构建中的壮族研究》
.... 孙剑伟 / 182
评李新峰《明代卫所政区研究》 .... 张楠林 / 188
评吴琦等《清代漕粮征派与地方社会秩序》 .... 李　幸 / 194

征稿启事 .... / 200

学人访谈

区域史研究的旨趣与路径

——刘志伟教授访谈

刘志伟 任建敏[*]

引　言：受《区域史研究》主编温春来老师的嘱托，我很荣幸得到这一宝贵的机会与中山大学历史系教授、历史人类学研究中心主任刘志伟老师就区域史研究这一议题进行访谈。2018年9月21日夜，在从广州南到保定东的动卧上，在温春来、谢晓辉两位老师的共同参与下，我们与刘老师进行了长达两个多小时的访谈，访谈就"从制度史到区域史""作为区域的岭南""区域史的学术训练"三大主题进行了多层面的讨论，刘老师慷慨地和我们分享了他多年来在区域史研究历程中的丰富历史细节，以及对相关问题的深邃学术思考。这一篇访谈录，就是访谈录音的文字整理稿，作为标题的《区域史研究的旨趣与路径》由记录者整理访谈录音时拟定。初稿完成之后，刘老师补充了记录者所疏忽的更多的细节内容。当然，最终成文的访谈录中仍然会有因理解不到位而不能准确表达被访者原意的地方，其责任应该算在我这位不够可靠的记录者身上，谨在此说明。（任建敏）

---

[*] 刘志伟，中山大学历史人类学研究中心、历史学系教授；任建敏，中山大学历史学系特聘副研究员。

一　从制度史到区域史

任建敏：您曾提到过，您1997年出版的《在国家与社会之间》一书，是在您1983年研究生毕业论文的基础上写成的。但两者比较起来，其问题意识似乎已经有了比较大的变化。您的研究生毕业论文的重点，似乎是以广东为研究区域，理解明清赋役制度的改革，而《在国家与社会之间》一书则在这一基础上，通过赋役制度改革的研究进一步探讨明清广东地方社会结构的变化。是否能谈谈，这两者之间的14年时间里，您的学术历程和理念的一些变化发展？

刘志伟：你这个问题提得好，让我有机会澄清我治学过程的一些时间点。你的问题以我毕业论文提交的1983年为起点，以后在这篇论文基础上增订成书出版的1997年为转折点。但其实，现在出版的这个书稿的基本格局，是1985年前后完成，主要是在1983年的研究生论文上增加了第五章以及第二章"盗乱"一节。书迟迟未出版，是因为我当时不觉得这是一个完整的研究成果。因此，我在接下来几年，只是把书中一些内容以单篇论文的形式发表，并没有打算把它出版出来。后来到1994年前后交到出版社的这部书稿，其实是一本不完整的书。

我说这是一部不完整的书，意思是80年代中期的时候，我关注的问题已经很明确是在社会经济结构问题上，我认为并没有一个"问题意识的变化"的问题。我们这一代的明清社会经济史的研究者，都一定是把社会经济结构演变作为自己研究的核心问题，不太可能把赋役制度改革本身作为问题的。何况我一开始确定这个课题的时候，就很明确是要继续梁方仲先生的一条鞭法研究的路径，梁方仲先生从一开始做一条鞭法研究，就很明确地说出了一条鞭法包含的意义："不仅限于田赋制度本身，其实乃代表一般社会经济状况的各方面。"沿着梁方仲先生的研究路径，我读研究生时，从户籍赋役制度着手，真正着眼的，从一开始就是明清社会经济结构。我的毕业论文的初稿，本来后面还有专门一章，讨论从户籍赋役制度演变所见明清广东社会经济结构的变化。文稿已经写出来了，但我的导师汤明檖先生认为我在这方面的研究还不够深入，讨论还很肤浅，要我撤了下来。这一章我完全丢弃了，从来没有发表。后来书中增加的第五章也不是这一章，只是连接这一章的过渡。我在1985年、1986年前后更多把眼光投向乡村社会，其实就是为了把当时老师认为我研究未深的领域深入下去。后来，深入下去就似乎走到了另一个研究领域了，以至于很多朋友以为我改变了研究方向，其实，我一直关心的，还是同一个问题。

在这个意义上，也可以说1985年前后是一个转折点。我在此前虽然也关注社会结构的问题，但当时还没有下到乡村去实地调查。我早期所做的，只限于接触到相关的几类材料。例如族谱，1980年我写研究生论文的时候，就考虑过研究族田，后来因为叶显恩、谭棣华老师写了非常好的论文，我就放弃了，但还是看了很多族谱。另外，我在20世纪80年代初，也打算做鱼鳞图册，因为我们系藏有一批鱼鳞图册，我都看过了，后来也没有做下去。我比较早也写过关于珠江三角洲沙田的论文，我印象中我第一篇发表的论文就是关于沙田的，是1981年写的，大概是1981年、1982年就发出来了。另外，关于"盗乱"的研究，是从1983年开始的，论文是1985年写的。当时我看了黄佐的《广东通志》，其中有大量关于盗乱的内容，其他方志也有一些相关的盗乱记载，很自然我就关注了"盗乱"与社会结构变迁的问题。那时，我还不懂得要从信仰和仪式去考察，在1983~1984年的时候还没有这种意识。不过我在80年代初就对社会文化问题有很多关注，这有另外一个渊源，就是中山大学的民俗学、人类学传统。我的老师中，很多是人类学学者。在当时历史系资料室二楼书库，一进门第一排书架就摆放着《民俗周刊》，而且读起来很有趣味。我那时候基本天天都待在资料室，所以1981~1982年看了很多的《民俗周刊》，这对我的学术兴趣是有直接影响的。但这个时候确实没有想到过这会成为后来我的一个研究领域。

现在回顾起来，1985年是我研究的一个转折点，最直接的契机，是在这一年开始了和萧凤霞教授的合作。与科大卫大概也是在1985年开始认识的。那时我们都在广东省中山图书馆看地方文献，特别是族谱，是我们都有兴趣提取的文献，于是就逐渐互相注意起来。所以，把1985年看成我的研究转型的时间点，也是有道理的。前面提到，当时我努力要把毕业论文研究未深的问题深入下去，开始把研究的视线转到社会结构转变的问题上。我觉得，在搞清楚户籍赋役制度转变之后，要继续深入解释其与社会结构转型的关系，必须从深入研究乡村社会入手。梁方仲先生在《明代一条鞭法年表（后记）》中提示我们，明代赋役制度改革，改变了人民与政府的关系。我后来的研究，也始终围绕着人民与政府的关系究竟发生了什么变化进行研究。要弄清楚国家与人民的关系，就必须走到乡村，探究乡村社会赋役征收的实际运作机制，我在书中增加的第五章，就是讨论作为赋役征收与乡村社会关系连接机制的图甲制如何因应着赋役制度变化发生改变。我当时相信这是通向解释一条鞭法的社会意义的关键，而图甲制与乡村社会实际形态的关系，是需要通过乡村社会研究来接续的。就是在这个时候，因缘际会，萧凤霞教授拿到了美中学术交流委员会资助的项目，准备1986年在中国做一年的田野调查，我们的合作就开始了。萧凤霞教授开始是想同我们的人类学系合作，后来发现同我们进行社会经济史研究的合作，更能够在学科之间的对话中展开她的研究。1985年，她来给我们讲了施坚雅（Skinner）的研究。在叶显恩老师的安排下，陈春声和她一起去中山小榄，确定了以小榄作为田野研究的点。1986年我和她一起去小榄，正式开始了在小榄的田野调查。所以，如果说我由比较传统的文献研究到把田野调查和文献研究结合起来，研究乡村社会，这个转变可以说是从20世纪80年代中期开始的。

除了1986年整年在小榄的田野调查之外，从1987年到90年代初，我和萧凤霞、科大卫每年都到小榄和新会的潮连做调查,当时我们下去非常频密。除了在中山、新会做田野调查之外,从1988年开始,在科大卫的带领下,我们还到香港新界看香港学者在那里做的田野调查。记得第一次是1988年科大卫安排我们去看新界的打醮,那次我们认识了蔡志祥、张瑞威等年轻学者。虽然那次由于搞错了日期,没有看成,但是印象很深刻,收获很多。第二天蔡志祥带我们去长洲,看坟墓,讲打醮。这时我们开始对信仰、宗教有比较实际的认识。从这一年开始,一直到90年代中后期,几乎每年我都会跟着香港的学者在新界看神诞和打醮等乡村仪式。这个经验,令我对从事乡村研究,必须去看乡村的仪式和信仰有了越来越明晰的认识。1988年,科大卫还得到香港中文大学中国文化研究所的资助,开始了一个叫作"珠江三角洲传统乡村社会文化历史调查计划"的项目,主要在珠江三角洲地区做一些乡村调查。当时科大卫和我去找几个调查点,第一个点是德庆的悦城龙母庙,是从广州坐船去的。看过悦城龙母庙之后,我们坐长途汽车去三水芦苞,芦苞有一个北帝庙。我们到那里一看,觉得很兴奋。因为科大卫之前已经对佛山有很多研究,佛山有一座北帝庙在当地历史上非常重要,我们在芦苞稍稍了解到一些情况,已经隐隐感觉到这些不同的地点可以串起来建立某种地方历史的线索。我们另外还选择了两个点,一个是番禺沙湾,另一个是南海沙头。沙湾在沙田区的边沿,沙头在桑园围。这几点在空间上的关系可以反映出珠江三角洲乡村社会历史的不同时间和阶段的情况。1989年和陈春声、戴和、萧凤霞一起在沙湾住了半年,这是此项目最长的一次田野考察了,科大卫也会经常来。

这就是我们最初几年在珠江三角洲做乡村社会研究的大概情况。经过这几年的研究经验,我的确把视线重点转移到了乡村社会,而且把更多时间放到了田野研究以及民间文献上面。旁人看起来,产生了我转移了研究方向的印象,这也很正常,但我始终认为这是我早期研究的延伸。

当然,由于这个阶段我们走进田野,是与一群对乡村社会有研究兴趣的朋友一起走的，外面看起来，我们做的是同样的研究，但其实，我们各自有不同的研究背景，也有不同的问题意识。如果说，我们逐渐形成一些共同的兴趣和意识是在1991年以后，尤其是香港中文大学人类学系陈其南教授主持的华南研究计划的开展，使我们逐渐形成了更多的共识。大约1990年，萧凤霞在香港筹了一笔经费，叫李郑基金，是李兆基、郑裕彤捐了一笔钱给耶鲁大学和香港中文大学，用来推动两个学校的中国研究。我们可能是最早得到这个基金资助做项目的。萧凤霞自己是筹款人，不便作为项目主持人申请，就找了陈其南教授牵头，项目主题为"华南传统中国社会文化形态研究计划"。1991年，陈其南到广州来找我，我们谈了两天两夜。第一天晚上我的印象最深，我们先在中国大酒店的餐厅谈，谈到9点半，餐厅开始有歌唱表演，很吵，我们又转去了东方宾馆继续谈。当时谈的主要话题是，这个计划究竟怎么开展。首先是邀请什么人参加，我们最后确定的人选是：广东的陈春声、戴和、罗一星和我，福建是郑振满、陈支平，香港是科大卫、蔡志祥、萧凤霞，还有安徽省社会科学院的郑力民（因为当时陈其南对徽州有兴趣）。后来，江西以梁洪生、邵鸿为主的学者也加入了。关于具体的运作方式，当时我们和科大卫、萧凤霞他们合作了虽然只有几年，但是感觉已经合作了很多年一样。我们认为我们最成功的是，我们不像别人那样共同去做一个课题，但是我们在各自研究的同时，经常进行有深度的讨论和沟通，共享想法、共享资料。这种经验，成为后来我们各种合作项目的模式。当时我和陈其南商定，"华南研究"仍然采取这种合作模式。项目参加者仍然是各做各的研究，但每两个月在一个人的田野点举办一次工作坊，每次3至5天。

第一次工作坊是1991年8月2至5日在广东新会的潮连镇，由萧凤霞主持。那时候，我、萧凤霞、科大卫三个人都在潮连做田野研究。第二次是1991年9月27至30日在广东佛山，由罗一星、科大卫主持。第三次是1992年1月3至5日在广东番禺，由我主持。第四次是1992

年3月20至23日在广东澄海的樟林镇,由陈春声、蔡志祥主持。第五次是1992年7月23至29日,由陈其南主持。第六次是1992年8月12至16日在福建莆田,由郑振满、丁荷生主持。

我记得我们形成比较一致的共识,是在佛山举办的那次工作坊上。我们那一次讨论提出要有一些共同的方法和主题,以及在理论上有所建树。大家觉得神明的祭祀与信仰可以作为我们的主题。这里所说的神明崇拜也包括了祖先崇拜,祠堂、宗族的研究也可以纳入这一主题之内。当然,这样的兴趣,并不是新的想法,科大卫、蔡志祥在香港新界,以及我与萧凤霞在中山小榄进行的研究,例如她后来写的菊花会的文章,都与仪式有关。不过,作为这个计划的一种共识,是在佛山那次工作坊确立的。后来我们去了广东潮州、福建莆田考察,更确信这是我们这个计划的核心关怀。尤其是到了郑振满的田野点之后,这种认识更为明确了。当时,他的博士论文刚刚出来,讲的是宗族,但跑到莆田,他整天带我们去看庙,我们就和他说:"你要带我们看宗族。"一天早上,郑振满说:"好!我带你们去看宗族。"车子开到一个庙面前,我们下来一看还是庙,然后我们问,宗族呢?他指着庙里一块很大的碑,说宗族在这里。碑里的捐款名字确确实实是一个家族的系统,我们发觉,他们的宗族原来是在庙里面。第二次我们再到莆田,到了东岳庙,我们突然悟出:莆田的历史是从宋代开始的,宋代本地的士大夫塑造了当地的传统,把地方神提升到国家认可的高度,以神明的方式把地方拉进了王朝体系。科大卫和我们研究的珠江三角洲的历史,是从明代开始,他们更多用的是宗族的语言。于是我们就形成了一种带有理论意味的认识。这个认识现在看起来很简单,但在当时,我们觉得对我们的研究有重要的意义,历史时间、制度、文化规范、空间,以及在田野中看到的各种文化形态,都可以打通来思考了。

我本来是要把我们从80年代到90年代初走过路程的时间脉络交代一下,有点扯远了。你刚才提问里面提到的14年是怎么算的?

任建敏： 从您的研究生论文到出书的这14年间。

刘志伟： 这14年是从文本发表出来看到的时间，其实并没有意义。真正有意义的转折不是我的书的出版，因为那本小书从完稿到出版，中间隔了12年时间，是我的拖拉造成的。刚才说了，对我们研究的进展来说，比较重要的时间点是1985年和1991年，再后来，1995年也是很有标志性意义的一年，那时，我们已经走了很远很远了，所以出书的1997年，并不是一个转变的时间点。

1995年我们在牛津大学开了一个会，这是一个带有总结性的会议。当时，科大卫在牛津大学，我也到了他那里访问，蔡志祥当时也在爱丁堡。趁着我在牛津大学，科大卫把丁荷生、郑振满、陈春声、廖迪生等请到牛津，我们开了五天的会，议题集中在珠江三角洲、莆田平原和韩江三角洲，每天讨论一个地方。在会上我们对大家的研究有很多讨论，在很多问题上都争论得很厉害。在争论中，我们对过去的研究形成了比较清晰的想法，大家现在在这个领域看到我们讲的东西，当时已经有比较系统性的理解，后来只是陆续发表出来，实际上在认识上已经没有太多的进步。

1995年还有另外一件比较具有标志性意义的事。那一年，我们以参加AAS（亚洲研究协会）年会的一个小组报告为基础，由科大卫和萧凤霞合作主编出版了 *Down to Earth* （《植根乡土》，1995）这本书，这本书导论和结论可以说比较系统地把我们的研究旨趣表达了出来。几年后，科大卫写出了 *Emperor and Ancestor* （《皇帝与祖宗》，2007），这是一本很重要的带有总结性的著作。

可以说，1995年出版的 *Down to Earth* 和此后科大卫开始写作的 *Emperor and Ancestor*，都表明这一年在我们的研究道路上是具有标志性意义的时间点。

任建敏： 您的研究发表轨迹中，我感觉1991至1992年是一个比较明显的变化时期。1991年以前，似乎主要是围绕赋役制度相关的问题进行探讨；1992年以后，关注的范围扩展到了宗族、沙田、神明、"盗乱"与族群。能谈谈您是怎样逐步把研究范围拓展到这些领域的吗？

刘志伟： 你提到的1991年这个时间点是有意义的，正是前面我提到的"华南传统中国社会文化形态研究计划"。但不是说到1992年才扩展到这些领域。我刚才已经提到，我第一篇文章就是讲沙田的，1984年前后我已经有一篇讲宗族问题的文章，族群与盗乱是我1983至1984年研究的重点。那时的研究最后写到书里只有一句话，但这是在我研究经历中花的时间最多才写下来的一句话。你看一回我的这句话就明白了，这句话原文是："所谓的'蛮夷'，不仅是一个血统的范畴，更是一个文化和社会的范畴，他们不仅在文化上属于'魋结卉服之民'，在社会身份上更是区别于'良民''编户''齐民'，属于所谓的'化外之民。'"① 在我的毕业论文完成之后，我花了很多时间想去把广东的族群问题研究清楚，这些所谓的族群，在文献中叫作"獠""瑶""疍"等。我关注这个问题，是因为我在研究广东明代的户籍赋役制度问题时，感觉到当时广东的社会变动，与这些族群在文献中呈现出来的活动有直接的关联，我要真正理解户籍赋役制度改革的社会意义，尤其是落实到本地的社会脉络，不能不了解当时的族群问题。我当时是看了好多这类的资料，也包括当代民族学者的调查。不过我当时得到的认识是，明代广东的各种族群，文献中记录其实是很混乱的。明代文献中记录，当时大部分的非汉族群是"獠"，但到了明代后期以后，似乎就没有了，很多资料都没有提到。后来研究瑶族的李默先生是讲从"獠俚"到"瑶疍"的转变过程，但我当时觉得，这个说不清楚的问题，其实反映了明代很多族群都在当时的社会变动中改变了身份的事实。

---

① 这句话最初见于刘志伟老师1995年《明代广东地区的"盗乱"与里甲制》文章，载中山大学历史系编《中山大学史学集刊》第3辑，广东人民出版社，1995，第325页；同时在《在国家与社会之间》第二章中出现，见刘志伟《在国家与社会之间：明清广东地区里甲赋役制度研究》，中山大学出版社，1997，第101~102页。

温春来： 刘老师，马克思好像对您产生了很大影响。之前您多少提到过这一问题，但是没有听您细讲。

刘志伟： 我们这代人，年轻时候读过的书，最重要的当然是马克思的著作。尤其是20世纪70年代，没有什么书可读，能读的有思想深度的书都是马克思、恩格斯的。我们的学术思维是从马克思那里学的。我16岁中学毕业，那是1972年。中学毕业之后，我有一段工作的经历，当时毛主席要我们读马列原著，其中有6本书是毛主席要大家读的，就是《共产党宣言》《哥达纲领批判》《法兰西内战》《国家与革命》《反杜林论》《唯物主义与经验批判主义》。马克思主义经典著作，是我最早阅读的具有思想深度的著作，当时我读后觉得最有收获的是辩证思维，因为我们少年时已经读《实践论》和《矛盾论》，后来又读过艾思奇的哲学教材，我觉得马克思、恩格斯的辩证思维是不太一样的。当时希望从辩证法里找思想资源，解开疑惑。到大学读书之后，又读了马克思的《人类学笔记》、列宁的《哲学笔记》等。后来我们上蔡鸿生老师的课，要读恩格斯《家庭、私有制和国家的起源》《德国农民战争》以及摩尔根的《古代社会》，再后来又读《人类学笔记》。到读研究生时，还读了《德意志意识形态》和《资本论》，我觉得读这些著作对辩证思维的训练很重要。我那时候对哲学比较有兴趣。真正让我们着迷的还是辩证法，读《反杜林论》和《自然辩证法》，头脑里都是辩证法的思维，再读黑格尔就更是如此。这个与我们那时候的政治关怀和时代的感观有关系。这种阅读是希望能够解开我们那个时代的困惑。所以，我相信年轻时候真正影响我们形成辩证的学术思维的，是马克思主义经典著作。

任建敏： 近年来，您发表的一系列文章、笔谈，以及影响力超越了历史学界的著作《在历史中寻找中国》，我感觉和您以前的写作风格相比有了一些新变化。您把多年相关研究心得，包括明清国家转型、贡赋经济体制等，通过更为宏观、概括、系统的方式，向读者呈现您及您的同人所共享的对中国历史研究的思考。能说说您这一系列研究的出发点和目标是什么吗？

刘志伟：我近年来比较多写（谈）些议论性的思考性的文字，第一个原因是自己老了，时日无多了，觉得过去阅读和研究过程中思考过的问题和产生的想法，还是要赶快用笔记录下来，留下一点想法，这是比较正面的动力。

第二个是比较负面的动力，就是越来越觉得自己做不了什么专门的实证的研究了。要为自己找借口，可以找出很多客观原因的，如费很多精力要去管理各种各样的项目，我都是要承担"管家"的角色，再加上多年来从事行政工作，虽然没有离开读书和研究，但专精深入的研究逐渐少了。除了这个借口以外，更重要的是，我原来主要做明代的研究，我们以前读书的时候，能看的明代历史文献很少，尤其是明人的文集，基本文献大致能仔细研读。但从20世纪90年代开始，过去看不到的明代文献大量被影印出版。最早是把《四库全书》里面的明人文集单独影印出来。现在的人可能把这套书忘了，但当时这套书出来之后，我一看，就知道麻烦了。我以前做研究的时候，看得到的只有收入《四部丛刊》的那几本，现在一下子可以看到那么多。继这一套书之后，《四库存目丛书》《续修四库全书》《四库禁毁书》系列也陆续出来了。还有过去只能从《天下郡国利病书》中看到明代方志的片段，也大量影印出版了。于是，一方面我们能看到的明代文献呈数以百倍的规模增加，另一方面自己能用于研究的时间越来越少。以前我们做研究要求能掌握基本史料，但当时在中山大学，连《诸司职掌》《大明令》这些典籍都看不到，甚至《明会典》在中山大学图书馆也缺藏，所以有一种能掌握基本史料的自信。但90年代以后，大量明代文献涌到自己面前的时候，一下子产生了畏惧感，从此，我越来越相信自己剩下的时间做不了多少研究了。

第三个原因是在我重版书的后记里面提到的，我当年期望继续深入做下去的主要问题，最近十多年来，有越来越多人关注了，尤其是年轻学者们，他们找到的材料也越来越丰富，研究的专精和细致，都比我做得好。我觉得我已经落伍了，更没有信心了！

这些也许是我近年比较多发议论而少做专题研究的原因吧。

你提到了写作风格问题，其实，《在历史中寻找中国》中体现的不是写作风格，而是谈话风格。孙歌是很理想的对谈对手，因为她与我的学科和研究路子不一样，既对我的想法有兴趣，又常常会令我觉得误解了我的意思，这样就引发了我的辩解欲，刺激我去讲了好多"道理"，也就出现好像和我们写专题研究的论文不一样的风格了。

谢晓辉：所以很多人说看不懂您的那本《在国家与社会之间》，因为很多内容，往往就只用了一句话。

刘志伟：我的那本书是爬格子写的，不像现在你们用电脑写作。我现在用了很多年电脑，也看了很多学生用电脑写的稿子，逐渐悟出一点差别。我们在稿纸上爬格子的时候，每一句每一段都要想得很清楚才写下来，不像用电脑，先写了再去斟酌。特别是写下一段讨论时，用哪一条材料，也要反复斟酌选择，引文尽可能精简，不像现在用电脑写，可以大段引文，可以排比罗列很多史料。所以我写的时候是很吝啬文字的，修改誊抄的时候，只要觉得这句话有点啰唆，就会删除。

温春来：书的标题是怎么想出来的呢？

刘志伟：书的标题，是出版社要求有一个能在书架上吸引眼球的书名，就想了这样一个标题。20世纪90年代，中国有一个可能不同学科都在关注的议题，就是国家与社会的问题。我觉得我既不是讲国家，也不是讲社会，所以就取了《在国家与社会之间》这个书名。不过，后来我发现，对这个标题大家的理解似乎不是我的原意。

温春来：我们很多人看书，都是先看标题。

刘志伟：这本书出来之后，这个标题好像被大家误解了，以为我要讲的是国家与社会的关系，甚至有人说我用的是国家与社会的理论。我以为我从来没讲什么国家与社会的理论。我用"在国家与社会之间"的说法，不是认为有一个主体叫作"国家"，另一个主体叫作"社会"，然后通过户籍赋役制度去讲两个主体的关系。我真正想表达的意思是，我既不是讲国家，也不是讲社会，而是讲一个既（不）是国家也（不）是社会的领域，就是我明天即将参加的会议的发言主题，讲中国王朝体制下的编户齐民社会，是一种国家与社会同构的体制。

谢晓辉：您在《在国家与社会之间》修订版里面，为什么特别选了那几篇文章作为附录？

刘志伟：前面讲到，我当年循着梁方仲先生的路子，研究户籍赋役制度，真正的关怀是要落在理解明代以后的社会变迁上的。后来一直在这个方向努力，但还不能完成一种具有整体性的研究。书的第五章，是要把赋役架构的变化，通过户籍体制的变质，引到解释社会结构的衍变，但后半部书始终没有写出来。因此，重版的时候，我想附上几篇后来的文章，多少能够呈现我的学术关怀所在。选入作为附录的三篇文章，本来都不是专题研究的原始成果，都是综合了我不同文章而成的，解释的架构相对比较完整，可以体现出我早期研究的学术关怀的延续。而且这几篇文章，都是在大家不容易看到的地方发表的，一篇在《东吴历史学报》，一篇在《中国乡村研究》第一辑，一篇在《历史研究》，放在书的附录，便于大家搜阅。

二　作为区域的岭南

温春来：我们正在办一个《区域史研究》的刊物，所以想请您谈谈岭南或者南岭。

刘志伟：这个问题如果要从头讲起，可能就说来话长了。南岭及其以南的区域，是我很想做一个整体的区域研究的地方，但是我现在相信这辈子大概也写不出来了。我对南岭的兴趣，牵涉一个也许很大的历史关怀，关系到在全球史视野下对整个中国史或东亚史的理解。这里我想先做一点辩解。很多人以为我是研究广东的，但实际上，我真正关心的不是广东的问题。我的书虽然写的是广东，但是里面大部分认识的形成，尤其是关于里甲赋役制度的认识，不是从广东的史料研究那里获得的。20世纪80年代初我读研究生的时候，我大量的时间是在看江浙、江西、福建的地方志。当时唯一能系统看的明代方志，是《天一阁藏明代方志选刊》里面的方志，续编还没有出来。另外就是读顾炎武的《天下郡国利病书》，里头的内容基本上是抄录各地的明代到清初的方志。这两种史料是我研究的主要材料。后来我发现如果要做江浙、福建、江西的研究，研究生只有三年时间，根本做不过来。尤其是1982年我去了北京、上海、南京看书，我一算时间，根本不可能有那么多时间把东南几省的史料看完。所以在外地图书馆，我主要是看明到清前期的广东地方志。但在之前我已经看过东南地区的地方志，对我作用很大。所以，写论文的时候，为了避免铺陈太宽，我选用规制比较简单一致的广东为地域范围来讨论，但其实很多理解，不太可能只在广东一地的史料中了解清楚。我们年轻时候的历史关怀，其实不能摆脱整体的中国史。可以说，当我们把研究的目光专注于一个地方的时候，始终不能离开对中国史的整体关怀。

但是，我们也不要把中国史看成一个整体，而"区域"只是局部，只是"中国"里面的"部分"。所谓"区域"，真正的意义是一个超越国家的视域。一个所谓的"区域"，可以是国家里面的一部分，也可以是跨越国家的空间范围；在国家里面的这一部分，可以局限在国家这个整体中看，但我更主张是超越国家的视野。这样，所谓"区域"，虽然包含了"局部"的意思，但更具有整体的意义。因此，所谓区域研究，在以国家内部的一个地方作为研究对象的同时，更应该把这个地方放到更宏大的超越国家的视野里去认识。近年来关于所谓"新清史"的争论备受关注，人们似乎大多把着眼点放到如何理解"国家"的问题上了，我觉得可能更有意义的是超越国家视野这个方向。其实，这个方向，在近代中国史学发展中，是有着长久的学术传统的，就是所谓的"西域南海史地"研究的传统。从草原游牧人群与中原农耕人群的互动关系去认识汉唐以后的历史，本来就是中国近代史学的一种主流，在这个主流下，内在地包含了中亚的文明与东亚文明互动的视野。在这样的视野下，所谓区域，可以有不同层次，如关陇、山东、辽东、云贵、岭南是一种区域概念；西域、南海、东亚海域、蒙古高原，也是一种区域概念。我们不仅要研究这些不同层次的区域，也要从它们的关联和互动去建立我们的历史认识。小区域的历史，不仅要置于彼此间的互动中，更需要置于更大区域的脉动中去认识。简单说，我们需要的是全球史视野下的区域研究。其实，我们研究珠江三角洲、闽南这一类滨海地域，在对这些特定地域做微观考察的同时，也一定是与宏大历史连接起来的。在这种区域历史观念下，我们对中国历史进行思考，在王朝版图内进行分区研究时，不仅要有国家的视野，更需要有跨越国家的区域视野。这种研究在中古史领域有着很好的传统，蒙古和元朝史学者更是历来都采取这种视野。在明清史研究方面，近年来也越来越多转向这样的方向，赵世瑜前些年写过一篇文章，题目是《时代交替视野下的明代"北虏"问题》，就体现了这样的追求。

  赵世瑜这篇文章把明代历史中的"南倭北虏"问题放在"海洋史"的历史逻辑和"内陆史"的历史逻辑下来认识。受他启发，我认为我们的所谓区域研究，需要走出以"中原（中国）"为中心，从"中国"向外看的视域，从欧亚大陆中部到蒙古高原与南海印度洋这两个"内陆"和"海洋"世界的连接去理解。如果把我们历来视为"天下"之中的"中原"放在"内陆"世界与"海洋"世界连接区的层面来理解，那么作为这种地理连接带的"界线"，对于历史理解就有着特别重要的意义。这个地理连接带就是长城沿线经过的地带，这点历来是学界的共识，但学界好像很少提出南部连接带的问题。我认为，如果我们不把这个界线理解为空间的隔离，而是理解为交往的空间的话，这个连接区的南部界线，就是南岭。在人类历史活动中，存在将人群的活动空间分割和隔离开来的自然地理分界，但这些分割区域的自然条件，又是区域间流动交往的通道和媒介。不同区域之间的阻隔地带，同时也会形成一个交往的空间场域，就是说，这些边界地区，也是一种区域的形态。因此，这种区域的历史，一定要在全球史的视野下才能解释。如同我们要解释长城沿线区域的历史，需要从高地亚洲与中原农耕区的互动角度去展开一样，我们要解释南岭的历史，也需要从南海印度洋与大湖区的互动中着眼。我这里说的"大湖区"，指由洞庭湖、鄱阳湖、巢湖、太湖串起来的这个区域。

任建敏：长江流域？

刘志伟：是，现在大家一般用长江中下游来指称这个区域，不过，从地理时间角度看，我更喜欢用"湖区"或"大湖区"的概念。因为在漫长的历史时期，这个区域更具生态意义的空间是湖区，长江的意义表现在把这些大湖串联起来了。为什么要先交代一下这个大湖区的概念？因为我前面提到赵世瑜的意见，要从内陆史和海洋史两个层面去理解中国历史，同高地亚洲直接互动的是关中平原和华北平原，同南海直接互动的是湖区及其周边的山地，人们一般用黄河流域和长江流域来称这两个整合为中国核心部分的区域。我想大家都不会质疑这两个区域在中国历史上的重要性。从我所谓的"湖区"同海洋世界的联系来看南岭的地位，是我对南岭产生兴趣的原因所在。

我这里说的南岭，指的是广义的南岭。准确地说，是以南岭为中心的南方山地，从南岭往东，连接武夷山、罗霄山脉，延绵到浙江南部的山地，往西连到广西、贵州。把这大体连成片的山脉群视为中国与海洋世界连接的"界线"，才能对中国历史具有更整体性的认识，才能真正建立全球史视野下的中国历史认识，这是做南岭的"区域史"研究必须有的视角。因此，所谓南岭的区域史研究，是放在南海连通出去的海洋世界与以湖区为核心的中国南部的视角下去展开的。

我是在南岭地区出生和长大的,对这片山地有很多切身的生活经验,也有很深的感情。所以,前些年我看到吴滔、谢湜、于薇他们在南岭做研究,自然很有兴趣跟着去看看。南岭的地理、空间和文化、历史,我相对比较熟悉,有关的地方志我都看过,在脑子里有一个混沌的图像。另外,这篇关于南岭文章的直接契机,还与这些年有点热门的客家研究有关。记得在 2012 年,肖文评在梅州召开一个有关客家研究的会议。我参加了会议,临时被派了一份差事,要在会上做一个大会发言。肖文评告诉我,随便我讲什么。我其实没有做过专门的客家研究,就把我对南岭的思考转换成一个客家的话题,做了一个发言。后来,嘉应学院把录音整理出来,要我改。我觉得与其改这篇即兴发言稿,还不如把这个发言写成一篇文章。当时我正在台湾交通大学客家文化学院做客座教授,恰逢庄英章先生荣休,要开个会,我就报告了这篇文章,后来还收录到文集上发表了。但是,把这些思考转换成客家研究的话题,我总是觉得有点意犹未尽。不久后,吴滔他们要出一个"南岭历史地理研究丛书",让我写一篇总序,我就在这篇文章基础上,将其改写成更能把我对南岭区域研究的思考表达出来的文章,就是后来这套丛书的总序《天地所以隔外内》。这些偶然写下来的文章,当然不能算严格的研究成果,只能看成我读过一些材料、做过一些思考所形成的想法的一个轮廓而已。

谢晓辉: 我想起上次罗新来做的讲座,讲内亚与中原关系①,您很兴奋。

刘志伟: 对,他的讲座触动了我的神经,因为我主要做南方的研究,一直在思考南海与南岭的关系,罗新讲内亚与中原关系,在史观和

---

① 按:指 2018 年 5 月 25 日北京大学罗新教授在中山大学所做的讲座:《引弓之国 vs 冠带之室:内亚与中原关系史的几点省思》。

方法上，让我产生了强烈的共鸣，所以当时有点激动。中山大学历史系的前辈，一直有西域南海史地研究传统，陈寅恪、岑仲勉、戴裔煊、蔡鸿生、姜伯勤、张荣芳等多位前辈老师，都是在这个传统下展开研究的，他们的历史观念、学术眼光和历史解释的路径，对我有潜移默化的影响。我们在中山大学历史系求学和从事研究，头脑里免不了会从西域南海史地的视野去理解历史，不管是中国史还是世界史的问题，头脑里面一直存在这根弦。所以，我们做区域历史的研究，不管聚焦在哪个区域，都会有这样一种惯性的思路，就是这个区域与世界的联系。我们的研究可能会主要集中深入利用手头能够掌握的材料，在有限时间内只聚焦在能整体把握的地域。但我们对这个区域的理解，还要有一个大历史的问题意识和宏观视野。例如我研究珠江三角洲，就总是放在"山海之间"的框架里展开。

任建敏：您2015年为"南岭历史地理研究丛书"撰写了总序《天地所以隔外内》（以下简称《总序》），虽然您在序中自谦是"观棋之人"，但实际上是以十分规范的学术语言，全面并大方地呈现了您对南岭历史的看法及研究思路。在我看来，这不仅是"南岭历史地理研究丛书"的序言，而且是您在多年南岭研究基础上提出来的"南岭研究宣言"。您在里面提到，以往学界谈及区域，往往以行政区、经济区、文化区等形式进行划分。而您在《总序》中特别提到两个人，一个是施坚雅，他舍弃了行政区划分逻辑，而把区域看成"人之互动的空间形构"。一个是Schendel，他提出"Zomia"的概念，用区域间的政治过程及人群、物资、知识流动来建构区域单位。在您看来，岭南作为区域史的研究对象，有着怎样的独特之处？

刘志伟：所谓岭南，字面意思就是南岭之南。你提到岭南作为一个区域的独特之处，我想最基本的还是前面所讲的，要放在前面说的南岭的历史空间意义去认识。在这样一个角度下，岭南在地理概念上，首先是环南海区域的一个部分，同时又是作为中国与南海印度洋世界连接带的南岭的一部分。还需要提到的是，在南海印度洋这个海洋世界中间，还有一个中南半岛，这个地理区域可以视为南海印度洋世界的一部分，又是在陆地上连接南亚次大陆和中国大陆的桥梁。岭南的区域特性和历史，要放在这样一种跨区域人群流动与交往的空间格局下去认识。

Schendel 教授提出的 Zomia 的概念，在中国主要是由于 James Scott 的 *The Art of Not Being Governed* 一书而为学界所了解。因此，学界一般都关注这个概念表达东南亚高地无政府状态的意义。不过，除了这个特定的意义外，我深受启发的是这个概念包含的人们在不同地区之间的边界上交往形成的区域空间意义。更早启发我这一想法的，其实不是 Zomia 这个概念，而是梁肇庭教授在施坚雅的区域体系基础上提出的客家区域的概念。因此，我这些想法更主要还是来自施坚雅的区域概念。

在中国历史学界，讲到施坚雅，都着重关注那个六边形的市场层级结构模型，以及由此逐级上溯形成的九大区域的周期理论。这当然是施坚雅对中国社会和历史的解释。但我认为，他的这个模型对中国史研究来说，更大的意义在于，他建立的区域，是通过"人之互动的空间形构"来理解的。我要强调的是施坚雅在他就任亚洲学会主席的演说中的一句话。我把这句话翻译为："（区域）是一个地方和区域历史的网状交叠层级体系，这些地方和区域的范围分别以人之互动的空间形构为依据。"中国的中国历史研究从前是没有这样一种认识的。这一点对社会科学来说本是不言而喻的，如经济学和人类学，如果要建立区域的空间概念，也许很自然会从人的行为去构建。施坚雅从普通村民的活动出发，弄出一个中国历史的结构和周期的解释，对于史学研究来说，应该产生很大的冲击。只要想明白这一点，所谓区域研究也好、地方研究也好，小社区研究也好、个人研究也好，都能够和大的历史研究连接起来。我觉得这样一种认识的逻辑很重要，哪怕一些很零碎的叙事，也可以引到对大历史的理解。这应该成为作为社会科学化的历史研究的基本认识方法。明白这一点，Schendel 提出的 Zomia 的意义，也就不难理解了。他就是以不同地方边界地区的人员与物资的流动所形成的空间来讲这个地区成为一个区域。在我们的历史中，无论国家、区域或省区州县，都是确定的历史单元。关于这个单元的历史解释总是在揭示这个历史单元本身发生了什么，而少去看这些单元之间的连接地带，因为人们的交往活动也可以是一个区域。这个就是黄国信的《区与界》中所讨论的问题。过去很多年来，陈春声在很多讲座里面都讲到过，"界也是一个区域"。这样的区与界不是随意划分的，而是由于人的活动而形成的。人们的活动交互叠合，就有新的形构出来。这样去认识区域概念，就比较好理解了，这种区域不是由研究者根据某些定义随意划出来的。所以，Zomia 的真正意义，是以人与物的流动为主题，而不应只局限于逃离国家的问题。

我提出过，客家话其实是南岭山地的普通话，引起一些人的批评。语言的空间分布为什么可以构成一个区域？因为语言是在人的交往中形成的。历史唯物主义强调以交往方式来理解历史，所有社会的变化以交往方式的改变而发生。在这个意义上，区域其实就是随着交往方式变化形成的空间过程。回到岭南区域史的话题上，在这样的区域观念下，现在习惯性以国家、政区和行政体系为单元去研究，去定义地域文化概念，会遮蔽我们的视野、扭曲区域的图像。

任建敏：您的一篇文章中讲到东莞的例子。

刘志伟：那其实不是一篇文章，是在东莞一个会议上的即兴发言。那个会议是东莞市办的，他们自然希望我讲东莞的历史如何如何。是的，东莞也许可以作为一个例子。要把东莞理解为一个区域，就不能只局限于今天的东莞市范围，古代的东莞，今天已经变成了两个地级市（东莞、中山），两个经济特区（深圳、珠海），两个特别行政区（香港、澳门）。今人以行政建制为历史单元，就有了几个不同的"地方史"。于是每一套地方史，都有一个从古到今的系统。所谓"东莞"，其实是由珠江口这个海湾的东部陆地和海岛构成的区域。如果看今天的地图，大家可能会觉得奇怪，现在珠江口西岸的中山（香山）和广州南沙区，过去也曾经在东莞的辖区。如果我们从人的流动和交往去理解这个区域，就可以了解，在现在叫作大湾区这个地方，很久以前是一个海上的世界，这个地方的区域格局，主要是由海上交通构筑的。在广州以南，香山岛以西到新会崖门之间还是一片海面的时代，这个海湾西部海域连起来的岛屿陆地，自然是同一个区域。在这个区域内，还可以把珠江口一侧与大鹏湾一侧分成不同的区域，即按今天行政区划定义的香港、深圳的区域，其实东半部和西半部属于两个不同区域。我这样说，是从不同海域的人之间的交往圈来理解的。从很多文化遗存是可以看出这个状况的，例如语言、龙舟等。我在香港大澳看到的龙舟是长龙，和珠江口西岸是一样的；我在香港大埔看到的龙舟是短的，和惠州以东的是同一类型。大澳的语言近番禺；大埔的语言近惠州、潮州一带。当然，后来新界成为香港的一部分，陆路交通又成为主要的交通方式，这里的人有了新的交往模式，香港、新界就成为同一个区域了。所以，如果我们以施坚雅所说的从"人之互动的空间形构"来理解区域，就不会执着于区域概念的定义了。所有的空间单元，都需要由人的流动、交往、互相影响去划出作为研究单元的区域。

  要在这样的观念下讲"岭南"，如赵世瑜不久前发表的一篇文章《"岭南"的建构及其意义》，对像岭南这样的区域范畴做了很好的历史解构，虽然这篇文章讲的是"岭南"，但实际上是关于"区域研究"中非常重要的方法论的讨论。

  有一个与此相关的话题，我想谈一谈近年来说得很多的"广府"这个概念。坦率说，我是不主张用"广府"这个概念的。如果"广府"指的是"广州府"，当然不是什么问题。现在讲"广府文化"时，"广府"基本上指的是广州以及狭义的珠江三角洲地区，宽泛一点，也包括了肇庆地区。即使这样,"广府"这个标签还是令人不安的。最直接的疑惑是,"广府"是否包括广西地区?我认为,秦汉以后在南岭以南设立的三郡,现在广州以西地区是桂林郡,其整体性是很明显的。唐宋以后,虽然分了广东、广西,但从桂林以下,包括了左右江以东的整个西江地区,在文化上都有很明显的一体性。现在人们用一个"广府"的概念,就用行政区的标签覆盖了人文与经济的区域范畴了。对广州这边的人而言,到梧州、到南宁,并不觉得是到了一个特别陌生的异地,但用行政区来界定我们的生活范围之后,就很习惯地把这些地方界定为"异域",就成了非常遥远的地方。

任建敏: 现在广西的西江一带的梧州、贵港一带,对广府文化的认同很高。

刘志伟: 我相信是这样的。这一带本来就同广东的肇庆、广州是同一个文化区,人群、交通、语言、风俗都有不可分割的历史联系。当然,也可以说有一种"攀附"的心态,明清以后,特别是近代以来,广州与珠三角的核心性大大强化了。但这种"攀附"不是想做就能够做的,其中历史文化的传统联系是更深层基础。

任建敏:《总序》中您提到,南岭的粤北地区户籍人口从宋到明的减少,隐含了明中期国家在地方社会存在形态的重大转变。而您提到一个转变是南赣巡抚的设置,似乎仍然意犹未尽。能否在这个问题上再做进一步展开?

刘志伟: 我记得这个事实中山大学的地理学家徐俊鸣教授讲过。我们历史文献中的人口,是户籍人口,即国家控制的人口。明代以前,尤其是唐宋,王朝在现在的广东最直接控制的地区,主要是粤北。但宋代以后,随着珠江三角洲的开发,王朝的控制中心移到了珠江三角洲地区。在宋代以前,珠三角还不能说是蛮荒之地,而是还没有"地",广州城以外,南边还是一片海,当然这个海湾里有很多的海岛。

任建敏: 我在成化《广州志》里面发现有很好的记录,可以看到寺观建立的时间，看到宋元到明初粤北与珠江三角洲寺观建设的时间差。

刘志伟： 你这个证据很好。

任建敏： 您提出，叛乱与族群互动，是形塑南岭社会文化特质最重要的机制之一，这一点我深表认同。您与科大卫老师的相关研究对我的启发是最大的。在我的印象中，岭南地区各种"盗寇""猺獞"的动乱，在文献记载中最为集中的时期是在明代正统到万历初年。您是怎么看待这一时期动乱频发的现象的？对岭南地方社会的形塑产生了什么影响？

刘志伟： 粤北在元明之际发生的变化确实很大。明中前期，正统年间的东南地区邓茂七、叶宗留等在山区的动乱，影响范围很大。不一定只是他们这群人本身，而是东南地区一大片山区里头的人群。这些人群的所谓"叛乱"，不应该简单理解为造反，而是这些山地人群与国家统治互动的方式。王朝镇压"叛乱"的结果，就是这些人群被纳入了国家版图。

我这里指的东南山地，从浙江南部到闽西、赣南，绵延到南岭以南。王朝国家在这个地区的扩张，呈现由点到线到面的趋势。明代以前，是交通线的点—线关系。离开了这些点线的山地溪峒，政府基本上是控制不了的。到了明代，慢慢转向了面的控制，即将溪峒之人纳入版图，由点到面的扩大，表现出来的是在面的层面发生的普遍"叛乱"。这种在面的范围呈现的"叛乱"，是通过一种内在机制展开的，不是点自身的扩大。这种内在机制，是随着山区里面的人和外部世界的交往的频繁，以及周边很多地区在经济上的发展，人们对山区资源的需求越来越多，正如梁肇庭讲的，周边地区的发展把很多人推往山区，他们在山区找到自己的生存空间。这些转变有很多原因，如自然生态、经济、社会矛盾等。他们进到山地之后，把原来生活在山地溪峒深处的人群，拉入一个更大的社会交往圈，融合与冲突都更频密了，文献上常常把他们称为"盗贼"。他们和山地以外的沿交通线分布王朝统治的点的接触越来越频繁紧密,这些点常常也是市场的中心。接触与互动加强了,自然就会发生在资源控制上的争夺和冲突。王朝国家的势力要控制这种局面,要将这种互动纳入国家的秩序下,叛乱就会经常发生并蔓延。所以,明代这个地方频繁发生战乱,实际上就是这个地方被纳入王朝国家的过程。动乱其实就是一种区域整合的机制。我在《总序》里表达的就是这样一个思路。

任建敏:这个对我启发很大。

刘志伟:所以,这段看上去是叛乱的历史,看起来是要与国家脱离,其实正是与国家拉近的过程。这不见得是王朝国家有意识的扩张,因为这个地区对王朝国家而言,没有太多的直接的价值。国家重视的,是控制交通线。历代王朝对岭南的兴趣,不在于这个地方能提供多少财富,王朝国家关心的重点在于,通过这里获得来自南海的资源。但明代以后,王朝国家和周边地区对山区资源的需求增加了,包括矿产资源、山林资源,还有日益增长的人口,形成了对山地资源的需求,山里的人走到外面,外面的人走进山里,交往也越来越频繁。这样一来,人的流动和互动,就由点、线扩展到面,这是改变山区的历史过程。明代南赣巡抚的设置,固然是国家政治行为,但背后的历史机制应该放在这样的一个过程中去认识。当控制由点、线演变为面,就要考虑控制距离等问题。山区整合到一个更大网络之后,交通线也会增加,新设的县也会更密集起来。

任建敏:那么,明代广东新设了很多的县,清代则在边疆地区设置了很多厅。这是不是代表明清国家对边远地方的治理思路有变呢?

刘志伟:我觉得不是思路的转变,而是国家的格局和规模的改变。我印象中清代广东设厅不多,但厅的设置,确实是和上面提到的这一过程有关。设厅往往都是在几个县的交界处,或者是在一个县边角地方。还有如赤溪厅这种,是因为土客矛盾要分而治之设立的。设厅是因为作为州县并不够规模,但是要有非常直接和实际的控制,因为厅和省的关系,其实比县和省的关系更直接,能让省一级的权力直接控制。说得更形象一些,在已经设置了大量州县的地方的空隙,面临动乱的威胁,需要加强控制,就要用省一级的权力更直接地控制,但又不像州县那么需要设置更完备的行政机构,并有更充足的财政支持。后来成熟的厅很多变为县。

任建敏:当前岭南研究以珠江三角洲、粤东沿海地方社会成果最为丰富,而粤北、粤西相对薄弱,粤北地区的情况,您在《总序》中谈得比较多,对于粤西的区域研究,是否也可以进一步谈谈呢?

刘志伟:你说到的粤西、粤北地区的研究,困难主要还是史料的问题。

任建敏:但是粤北的资料应该不少。之前我们在乐昌考察的时候,看到很多的族谱。

温春来:对,之前我们在乐昌收集到很多的族谱。

刘志伟:乐昌其实是一个比较有历史文化传统的地方,从广州的角度看起来,是边缘地区,但这里邻近湖南,又处在南北通道上,文化上更受湖南影响,族谱多是可以想象的。但是,只凭族谱资料能够展现的历史还是很片段的,其他文献资料还是有限。不过,我想如果深入下去发掘,也许会有新的发现。你所说的粤西指的是什么?肇庆?

任建敏:比肇庆更西的高州、雷州。

刘志伟:这个地区过去叫下四府,是粤西的一部分,但如果用"粤西"这个概念,一般有广东西部和广西两个意思,把这两个意思综合起来,我个人理解的具有历史文化的同一性和整体性的粤西,除了下四府,还包括肇庆、梧州、浔州、郁林、桂林等地。我相信粤西的资料不见得会比粤北少,尤其是广西地区,由于过去学者已经做了大量的工作,已搜集的碑刻资料特别丰富。这也提示我们,粤西和粤北的研究,首先还是要大力开展资料的搜集。粤西的历史文化内容相当丰富,若研究深入了，可以提出的问题和形成的解释，有望比珠三角更有厚度。不同地方，有不同的中心议题，都有待于新材料的发现。我们未深入下去，总是以为没有多少材料。一旦深入发掘，应该是很丰富的。过去很多学者的研究成果都证明了这一点。要建立岭南地域的区域史解释框架，粤西地区的研究应该比珠江三角洲地区能提供更多的信息。因此，我想，目前除了应该大力搜集文献资料外，最重要的可能是在各个地方的分散研究基础上，形成更广阔的历史视野，提出更具有学术深度的问题。

三　区域史的学术训练

任建敏：历史人类学的一个很重要的提法是"在田野中阅读文献""在田野中理解历史"，您和其他老师都曾说过：我们做的田野，不是人类学家所做的田野。从"历史人类学高级研修班"到如今很多高校都在举行的田野教学实践，您能谈谈您心目中历史学者的田野是怎样的吗？

刘志伟：这个问题正是我有点忧虑的问题。无论我们是办研修班，还是在课程教学里带学生到田野里走走，我们的方式往往限于到当地到处走一趟，看到碑就三下两下拍下来，看到族谱也马上摆开摊子，一页页拍下来。很多地方其实只呆上半天或一天的时间。以这样的方式开展教学，我觉得也不坏，总比只在图书馆里看书不到现场好。但现在大家逐渐以为历史学的田野就是这样做的，这是一个误解。我们历史学者到田野里做研究，当然不应该也不可能像人类学家那样深入参与、观察、体验，无论是研究资料的偏重还是研究时间的分配，都不可能那样做。但是，我们也不能把田野研究理解为只是找文字资料。历史学者跑田野，要先放弃一种期望，就是以为在田野里的收获可以直接在写论文时用得上。田野里看到的东西，可能99%甚至差不多100%是写不进我们的论文的。我们用来写论文的，主要还是文字资料。因此，田野里收获到的，主要不是资料，而是成就我们解读资料的能力。我们现在跑田野，经常是见到碑抄（拍）下来就走了，连碑所在的地形环境，碑附近有什么人，有什么建筑、景观都不知道。如果这样，同在图书馆里读一本碑刻资料集也没有什么区别。到田野里，在收集文献的时候，有以下几个方面虽然写不进论文，也是应该重视的。

第一，适用于所有田野工作的是获得空间感，包括方位、景观、生态环境，就是我在现场看到的材料，能放回到现场的空间感。这种空间感的获得，不需要花太多时间，一进入就要很有意识地去捕获，不要视而不见。这种空间的掌握，对于解读文字资料是非常必要的，郑振满称之为在现场读碑。我可以举一个例子。我在顺德乐从和中山南区分别见过一块刻着来自海外很多商埠的捐款人名字的石碑。只是从文字上，看不出这两块碑有什么实质性的区别，你都可以解读为海外华侨热心家乡建设，踊跃捐输。但如果你到现场去看，看社区的形态，看这些人与周边村社的关系，看他们的信仰和仪式，还有看他们的生活习俗等，就可以了解，这两块碑反映的海外捐款背后的社会意义和社区历史，有很大的差别。中山那块碑记录的捐款，反映的是水上人登陆定居，开始形成聚落社区的历史；而顺德那块碑记录的捐款，反映的则是一个大宗族强化其整合力的历史。这种差别，必须到现场结合实地的田野经验才会看得出来。

第二，要和当地人接触沟通，前面说的空间感还需要同当地人的情感相通。我们现在到乡村里，常常把当地人当作资料提供者和信息来源，不够注意在同当地人接触中培养情感，了解他们关心什么，了解他们的思维和表达习惯，了解他们对周边的人和世界以及对政府的认知。我不能说这种理解一定对写论文有用，但我觉得要尽量培养出理解当地文献的能力，这种能力是必需的。

第三，要观察景观和各种礼仪标签，包括建筑、道路、各种设施，这些也是资料，也是包含了丰富历史信息的资料，会帮助你发现和理解当地的历史。

第四，要关注当代的社会和人们的生活，包括当代正在发生的活动的文字资料。比如我们带学生下去，我会告诉他们，一定要到村委会，村委会里面很多资料很有用。例如我前几天到了开平，进了一个社庙，这个地方是当村委会办公地在用的，墙上贴着每年分红的名单，2015年他们只有38人，2016年到2017年都是40个人。由此一下子就了解了这个村子的规模了。这是一个有资格分红的人的名单，是最准确的资料。在分红名单的旁边，还有某某祖捐钱做什么活动的记载，然后就能发现某某祖比这个村的规模大很多。如此再和旁边的老人聊起来，老人告诉我们，村是人民公社时期留下的。而某某祖是更大规模的群体，包括了一个半村的人。我马上由此想到这个祖先祭祀形成的群体与村落的关系。这些认识不一定能写进论文里面，但我们由此对地方社会形态很快就有了更真切的认识了。

第五，我们还要看坟墓、祖屋等历史遗存。关于这方面的解释很多是和历史有关的。我喜欢带学生到南沙的塘坑村考察，那个村的背后有非常精彩的历史。

第六，要尽可能多了解现实的情况，尤其是生态与生计、婚姻家庭制度、民间社会组织、仪式活动、各种民俗等。我们做历史研究的，虽然不可能专门去研究现实，也不会直接用现实套用到历史上，但我们还是要相信现实与历史是有相通的地方的，哪些相通？怎样相通？相通的逻辑怎样？这些当然都取决于我们的历史素养和研究经验，也需要有比较好的史学积累和历史通解能力。获得这种能力没有捷径，但长期的田野经验（包括自己的生活经验）和阅读经验，是可以积累起来的。

我们不一定像人类学家一样，对生活生计、生育制度、亲属制度等有那么细致的了解，但我想最基本的是培养田野现场感和理解当地人，要培养同情理解的能力。这样你的研究才能生动地贴近现实，你才能在单调的文字中发现活生生的历史，写出来的论述才能活起来。

任建敏：您和科大卫老师、赵老师等几位老师，感觉都是比我们这些年轻小辈精力充沛的人，我们常常会在各地田野活动中看到你们的身影，有时候一个暑假回来，会看到您很明显地被晒黑了。现在一些学生，虽然选择了区域史作为题目，但一旦细问起来，他们所谓的田野，大部分只是在公藏机构收集文献，或者到乡村走马观花。我想知道，是什么促使您一直对田野保持巨大的热情的呢？

刘志伟：这个问题其实很简单。就是要看你是不是会享受、会欣赏。你就把我们看成小孩一样，看到什么会来精神，看到什么会兴奋起来，就明白我们在享受的是什么。我们走到乡村去，常常会看到原来材料里面没有生气、很死板的东西，马上就活起来了，就会兴奋，尤其是在读材料时找不到感觉，无法理解的东西，马上有感觉了，也变得能够理解了。这种情况下，我们怎么不兴奋呢？问题就在于，我们要带着好奇心、带着同情感、带着问题意识去跑田野，这样当你身处田野中，就会觉得精力充沛了。

任建敏：所以对自己做的研究，要有起码的兴奋感。

刘志伟：这点是我常常批评学生时说的话：不懂生活，只会从书本上的概念去思考，其实还是不懂学术。一个学者，对周围的东西，要有一种人文的关注。很多学生以为自己只有学术的关注，而这种所谓的学术关注，只是有一些概念化的要求，我要研究乡村，要研究宗族，研究信仰，才要去找这些东西。很多人可能想，我做的研究课题要有这些内容，我就去看这些。但不关心他们为什么要这样生活，这些概念化的学术范畴对于真实的生活有什么意义。我在20世纪90年代，有很多时间，跑了很多地方，看了很多村子，看了很多的庙、很多祠堂，在那里，看到的是当地人各种各样的喜怒哀乐，各种的欲望和情感。我们做研究，有兴趣的是人间，我们要观察、要体会、要感受的，是人的生活、情感、趣味和追求。一旦你有了感受，有了追求，你去理解那些概念化的所谓学术范畴，就会有不一样的认识，写出来的时候，无论是宗族、民间信仰还是社会组织，才会变成有意义的东西，而不是一堆干巴巴的标签。

任建敏：在您30多年的田野调查经历里面，能不能谈谈一些对您的研究理念与思路产生重要影响的例子呢？

刘志伟：这些就很多了，只能略举几个。一个是我们在莆田东岳庙考察时提出的理论，科大卫在《告别华南研究》里面写过了，你们去看就好。一个是在沙湾田野调查的时候，我和陈春声骑单车在河对岸的沙田村子走，我们骑啊骑啊，骑了很久，都看不到尽头，一直看到的都是堤围和建在堤围上的房子。可能走了几个大队。现在我们有谷歌地图，一看就看到这些条状的乡村，以前没有啊，你不知道是这样，但骑着自行车走过，就对沙田区的村落形态以及这种村落形成的历史及其社会构造有了切身的体验。这个田野经验对我认识沙田区乡村的影响是很深的。还可以举一个我和萧凤霞在中山和番禺做田野调查的例子。我们在不同的乡村中，常常听到人们用"埋面""开面"的说法来区分他们与邻旁村子的关系，"开面"含有指称别人是疍家的歧视意思。但我们在实地跑这些村子，可以清楚看到彼此之间其实并没有太明显的差别。这个田野经验对我形成对珠三角区域的社会格局及其动态过程的认识，是很关键的。这样的例子还有很多，我们差不多每一次在田野跑，都会形成一些新的想法，有些慢慢忘记了，有些后来被其他经验否定了，也有些逐渐累积成为一些理论的思考。

温春来：记得您同其他几位老师带我们去参加蔚县历史人类学高级研修班，在蔚县乡村，我们看到，张家庄的村民都不姓张，马家庄的村民也不姓马，他们也说不出自己村子的历史，哪怕这个村子有名人，他们也不清楚，说明这里人口的迁徙很频繁。大家当时还问过一个问题：科大卫老师在珠江三角洲所揭示的入住权，在蔚县到底还有没有？

刘志伟：对，只要走出去，会有新的想法产生的。

任建敏：外界印象中，认为华南研究的传统更注重田野实践，但您曾经在和陈春声老师合作的《理解传统中国"经济"应重视典章制度研究》一文中呼吁要重视典章制度。而且提到，近年来典章制度研究总体进展不大，是由于这种研究对心态、古典文化功底和现代教育制度等具有多方面的影响，使刚入门的研究生难以感觉到这种研究的学术魅力。面对这样一个节奏越来越快的时代，您觉得现在的研究生，应该如何培养典章制度的学术功底？如何兼顾史学基础的训练与学生的毕业论文写作？

刘志伟：在这一个问题上，我们常常被赵世瑜笑话。因为我们曾经写过应重视典章制度的文章，也写过应重视田野调查的文章。赵老师笑说，话都被我们说了。但事实上，这也是他的主张，我们的确应该重视啊。我们要在田野里形成理解典章制度的能力，就需要了解我们所见的社会现实是在什么典章制度下成为这个样子的。现实的状况，不是根据制度条文的规定去复制的，但是，无论遵行也好、对抗也好、应付也好，制度是存在的，总是会以种种途径和方式与现实联系起来。

任建敏：现在研究生选题目，往往直接扑到一个小区域里面去了。

温春来：以前刘老师您带学生的时候，也是一开始从《明史·食货志》等基本文献开始的。

刘志伟：这个问题说起来有点复杂，直接扑到一个小区域里面没有错，从基本文献读起也是必需的。本来这两方面的训练是并行不悖的。之所以我们感觉有点紧张，简单说还是现在学生培养方式和要求变了，学生成长的路子不一样了。第一，现在人们能拥有的静心读书的时间，再勤快的学生也是很少的。第二，学业压力大，有很多评价的指标，很多不符合人文学科实际的教学要求，例如要以发表多少篇论文作为标准来评奖学金，甚至作为毕业的必要条件。要毕业，要拿学位，要看你研究成果的量化结果。这些要求，令学生难以按以前读书的路子走。我在读研究生的时候，开始老师要求读《明史》《明实录》，我是去读了，但读了一个学期,发现这样读下去,写论文的压力就越来越大了。于是,我打了折扣,读《明史》的时候以志为中心。《明实录》,我读了《明太祖实录》之后也就放下了。但老师要求《天下郡国利病书》和《明经世文编》是一定要读的,但坦白说,我读的时候也偷懒了,没有读得很认真。不过,同现在学生的处境相比,我那个时候还好一点,还可以先从读几本文献史料开始,那时没有研究目的的阅读,现在还是感觉终身受用的。但现在连这样的最低限度的阅读我都不敢要求学生。学生一入学就面对专题研究的压力,面对"创新"的要求,几乎不可能用充足的时间去精读几本书。因为这样读书,怎么顺利拿到硕士、博士学位!我们现在都越来越感到培养学生掌握典章制度的学术功底的必要性,但各种学生培养考核制度越来越繁复,以致学生要真正从基本功练起,成了一种不切实际的奢求。虽然如此,我还是希望学生至少要知道读书治学本来的要求是什么,努力朝着这个方向做一些补救,起码你在研究具体课题时,若碰到问题,这些问题相关的那套制度,你要去了解,不能不管,更不能随便只在百度上搜索一下,就糊弄过去。至少你对这套制度基本的史料怎么讲的,前人相关的研究是怎么解释的,多少也得了解一点。最低限度,你要自己觉得已经懂了,是不是真的懂了不一定,但不能完全不管。明白了这个要求,史学的很多基础训练,还是可以在毕业论文写作中慢慢进行的,相关能力自己去培养。现在最担心的是,没有这种意识,没有这种自觉,论文写完之后,什么基础训练都没有。

温春来: 刘老师对我们的《区域史研究》有什么寄语呢?

刘志伟: 我们讲的区域史研究,是在现有的学术体制与学术格局上面来讲的。其实每个人有自己划定的领域,但是绝不能画地为牢。我们强调区域史研究背后的理念,是因为我们觉得,这样的研究至少有两点是要坚持的:第一,它是接地气的,是落实在特定的时间、空间的;第二,区域史研究尤其需要把握整体,无论是史料的掌握也好,还是方方面面的内在关系也好，只能在特定的区域视野里，才能得到整体性的把握。区域史，是相对于所谓国家史的一个概念。这种相对，不是说研究的空间范围的大小，而是说在历史认识论和方法论上和国家史要有所区别。在我看来，国家史是以国家作为行为主体，区域史则要以人为行为主体。区域史研究不是要取代国家史，也不是国家史的补充。我们千万不能把区域史理解为国家史的局部或缩小版。区域可以是某国内的一个地区，也可以是一个国家的范围，可以包含多个国家，也可以是跨越多国边界的地理场域。区域史是在历史观和史学方法上与国家史不同的历史范式，不应该在整体与局部区别的意义上理解。

温春来：现在很多学生做的区域史研究，做得很琐碎，有时候想要讲一些道理，却做成了前人的注脚。

刘志伟：这里的问题是，他们要做的所谓"学术"，只是按照某一个研究模板，套入某些内容。在他们的脑子里其实只有一些概念、范畴，而没有活生生的真实的历史。所以区域史的核心关怀是对人、对整体史的追求，离开了这样的追求，只是在已有的框架下增加了某些事实，不能算是好的区域史研究。现在常见的误解是以为区域史是国家史的缩小版，但我认为，区域史的追求不是做更小的历史，而是要做更大的历史。

谢晓辉：谢谢刘老师，您的这个访谈，用在《区域史研究》的开卷真的非常合适。

专题研究

清代西樵的聚落形态与社群组织：
一部动态的区域社会史

陈海立[*]

摘　要：本文从"坊与社""村与族""乡与局"三个聚落形态与社群组织的对应关系中，试图描述西樵的人从定居到形成区域社会的历史。在国家与地方社会互动所形成的格局以外，存在着一个由地域开发和人群结社为动力的自发的区域历史形成机制。这套机制促成了如今西樵村落景观和地域观念的形成。

关键词：珠江三角洲　聚落　区域史　宗族

笔者在广东省佛山市南海区西樵镇进行断续的考察已逾十年，走访了如今西樵镇区划下的几乎所有村落，亦多次涉足传统观念上"西樵"范围内以及周边的地区，萦绕于心的始终有一个问题：每一个村落均有其历史发展的时间表，其兴衰变迁不仅在历史时期未必具有时间上的一致性，同时在现代社会里又有着不同程度的发展，那么，如何讲一个关于西樵这个区域，包括27个行政村（街道）、超过300个自然村的总体的故事呢？如果没有这个总体的故事，那么"西樵"就不成其为一个

---

[*] 陈海立，中山大学历史学系博士研究生。

"区域",抑或村落仅仅成为行政区划的附庸,是各自独立发展的单元,这与文本上和现场调查中对于"西樵"强烈的地域认同似有反悖。本文拟从聚落形态及社群组织落笔,试图建立一个相对能够容纳不同村落发展时间表的解释模型,用以解释在漫长的清代,村落发展内在的一致性原理。

施坚雅对于市场体系的揭示,实则在论证中国传统行政区划以外,由市场的中心地原理形成了不同于政区的区域。[①] 这是一种颠覆性的解释,即暂时把对社会影响甚深的国家搁置一侧,寻求社会发展的内生性动力。随着市场体系的不断升级,国家的控制与干预就更加明显,市场体系的限度就更为分明,这就构成了他对于中华帝国晚期八大市场区域的思考。参照施坚雅的意见,本文意在探讨,是否也存在着,由聚落内生性发展整合出来的"区域"呢?换句话说,聚落的整合能够自发地走多远,是否有明显的限度,最终需求助于国家的干预?

对于珠江三角洲聚落的历史,有两种主要的观点。第一是建筑学、地理学研究者对聚落的分类。但是这些分类限于今日所见的景观,而未能看到其发展的历史。冯江从开垦、聚族而居与宗族祠堂的衍变着手去解释聚落景观,是对于聚落分类的推进。[②] 然而他仍然没有跳出宗族的历史去看待聚落。在他的论述中,宗族的逻辑约等于聚落发展的逻辑,故宗族的历史便成为聚落的历史。窃以为宗族发展的逻辑固然重要,但也仅仅是聚落历史发展的一个阶段而已。第二是刘志伟、科大卫从国家与社会的互动着手,宏观地解释聚落发展的整体史。刘志伟认为"沙田—民田"格局的形成,不是一种地方聚落景观的自然划分,而是在

---

① 施坚雅:《中国农村的市场和社会结构》,史建云、徐秀丽译,中国社会科学出版社,1998;施坚雅:《中华帝国晚期的城市》,中华书局,2000。
② 冯江:《祖先之翼:明清广州府的开垦、聚族而居与宗族祠堂的衍变》,中国建筑工业出版社,2010。

社会与国家的不断博弈之中,形成的一个地方社会权力的格局。① 科大卫从"礼仪革命"着手,详述了宗族作为一种意识形态被社会所借用,促使国家逐步内化于社会的进程。② 他们的论述均不是从村着眼的,村落的历史被视为地方社会历史进程的一部分,这与他们分析采取的地理尺度相关。我们看到,即便在入籍较早、宗族礼仪建设非常繁荣的民田区(本文研究的西樵地区系属民田区),其内部也在不断地进行分化与组合,沙田与低地开发、身份的认同与切换、宗族的建立与表述是一个从不间断的进程。那么我们如何站在村的本位,去谈论由聚落形成的区域历史呢?这便是本文尝试解决的问题。

一 坊与社:聚落的单元

嘉庆《龙山乡志》谈及本地民居聚落的变化,有一段非常精准的概括。

> 考宋元以前,山外皆海,潦水岁为患,民依高阜而居,而居未盛也。越明代修筑诸堤,于是海变桑田,烟户始众。至今沃壤千顷,水贯其中,四面民居环绕至数万家,鸡犬鼓柝之声相闻,盛矣。③

该段文字的作者敏锐觉察到"依高阜而居"和"水贯其中"且"民居环绕"是两种不同的聚居形态,前者是较早的聚落(宋元以前),

---

① 刘志伟:《边缘的中心——"沙田—民田"格局下的沙湾社区》,《中国乡村研究》2003年第1辑;刘志伟:《地域空间中的国家秩序——珠江三角洲"沙田—民田"格局的形成》,《清史研究》1999年第2期。
② 科大卫:《皇帝和祖宗:华南的国家与宗族》,卜永坚译,江苏人民出版社,2009,第1~18页。
③ 嘉庆《龙山乡志》卷首《龙山图说》,《中国地方志集成·乡镇志专辑31》,江苏古籍出版社,1992,第24页。

特点是人烟不甚繁众,而后者"至数万家",人烟辐辏。这个变化缘于修筑堤围,使"海变桑田"成为可能。本文就"依高阜而居"的岗地型聚落和"水贯其中"的河涌型聚落分别分析。

(一) 岗地型聚落

在基围水利并未大量修建之前,在珠江水面以上的常常是一些山岗及其周围的洪积冲积扇。在明代以前,这些地方已经逐渐形成了聚落,形似汪洋之中的海岛。刘志伟引述邓光荐《浮虚山记》所载元人资料,"番禺以南,海浩无涯,岛屿周潭,不可胜记。其为仙佛所宫者,时时有焉",已经指明了这类早期聚落的外观特征及文化设施。[①] 早期西樵的情况与番禺类似。西樵山由火山喷发形成,其明初的景观,《永乐大典》引洪武《广州府志》载,"山巅有寺曰宝峰,若堂若殿,皆因岩窦为之。……西有锦石岩、白云寺,周回四十余里,南州泉石之胜,此为奇绝",可见亦是仙佛宫观所在。又如九江的福庆寺,"原在石乔山",[②]也是处于这类山岗地带。

在山岗形成的聚落,不仅时间较早,且有显著的特征。其民居主要是沿山岗平铺而筑,中间有小巷隔开,较为规整。在现今的田野调查中,每条小巷口常常设有土地神或者福德神,部分设有小型牌坊。例如西樵的松塘村便是一个非常典型的岗地型聚落形态,对此张智敏有比较细致的分析,兹借用其图予以分析(见图1)。[③]

以图中舟华岗为例,在舟华岗四周分布着聚居点,民房饶岗而筑,顺地势自高而下,较为规整。其中舟华坊、仲文坊、华宁坊俱有社,

[①] 刘志伟:《珠江三角洲聚落空间的历史社会学分析》,《地理学评论》(第2辑),商务印书馆,2011,第15页。
[②] 顺治《九江乡志》卷2《寺观》,《中国地方志集成·乡镇志专辑31》,第234页。
[③] 张智敏:《水患压力下的传统岭南水乡聚落形态解析——以珠江三角洲桑园围四村为例》,《建筑学报》2017年第1期。

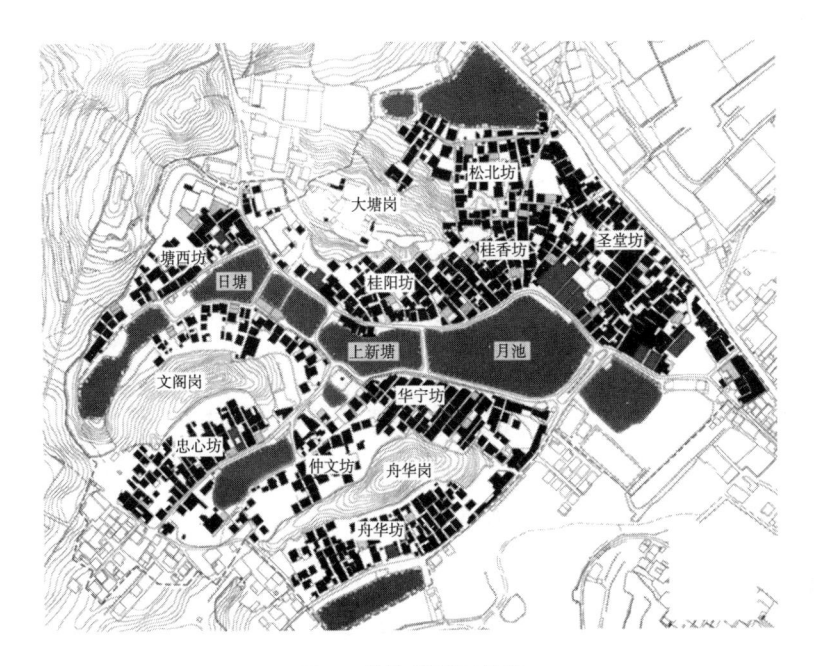

图 1 松塘村平面示意

可见早先是各自独立的聚居单元（社的意义后文详论）。其中"华宁坊"的历史有一份同治七年（1868）由里人撰写的《华宁坊土地会序》可供考据。

  华宁坊住场，旧属本乡场圃之地。乾隆中叶，我曾大父济川公始与同坊各先辈依山卜筑，由老村中正等巷相率乔迁。余髫龄相距开辟之日未及花甲一周，而东西两石桥间早已云连栉比。然自桥西以外，尔时仍复茅屋数椽，荆榛丛杂，今屈指四十余载，在昔之荆榛满目者，亦莫不竹苞松茂，大改前观。科第簪缨群焉，萃聚地脉之旺，可谓灵且远矣。司此土者，囊传为黄公孝先之神，神以孝称，故能默化潜移，使坊内居民多以孝友相尚，而神又常于更阑人静，大放光明，往来巡察，人人共见。故阖境夙呵庇佑，所求响应，邪魅不侵，是诚不可不仰答鸿庥，永邀福荫也。乃坊内向有会份一个,为递年贺诞之需。至咸丰末年,因揭本者,还本减息,各议瓜分,其会遂散。①

此文献虽然形成较晚,但完整地显示了一个坊的形成过程。结合图看,从乾隆时期开始,该坊由西往东形成,较早是"场圃之地",渐而有茅屋,再而建成砖石之房。坊是处于岗上的一个独立的聚落单元,有独属的神祇"黄公孝先之神",是为土地神。从族谱提供的地图及现场考察看,均没有立庙。但没有立庙的神在当地人心目中仍然非常重要,序文作者认为土地会与科第、地脉、教化相关,并且立有专题,每年举行贺诞的仪式。据此,在岗地型聚落中,"坊"(当地另有称呼为"便""片")这类单位,是最初的家庭以上的聚居单元。有时候,若山岗体足够大,坊也可能在现代的界定中被认为是一个自然村。例如西樵河岗的东坊村、西坊村等。

在岗地型聚落中,该聚落所属的农田常常位于山岗周边地区。但随着该聚落较早地发展,也常常经营较为远处的沙田。例如松塘村就经营着翘秀围的沙田。②

在元明时期的岗地型聚落,市场常常分布于山岗上,而非河涌中的埠头。例如龙山最迟建于明嘉靖的大冈墟,"在金紫峰后,四山环绕,墟居其阳",③ 其早期的作用仅限于日用物资之交易,较少有参与大量手工业品交易之职能。

(二)河涌型聚落

相比较而言,河涌型聚落比山岗型聚落更加普遍。河涌型聚落一般是由较大的水源引出一条河涌,民居沿着河涌分布,成为条状

---

① 民国二十三年《乔之自辑家谱》,据松塘村所藏旧谱拍摄。
② 《翘秀围建置附》,民国二十三年《乔之自辑家谱·建置记》,据松塘村所藏旧谱拍摄。
③ 嘉庆《龙山乡志》卷2《墟市》,《中国地方志集成·乡镇志专辑31》,第47页。

的聚落。顺治《九江乡志》的图可以给我们这两类聚落非常直观的印象（见图2）。

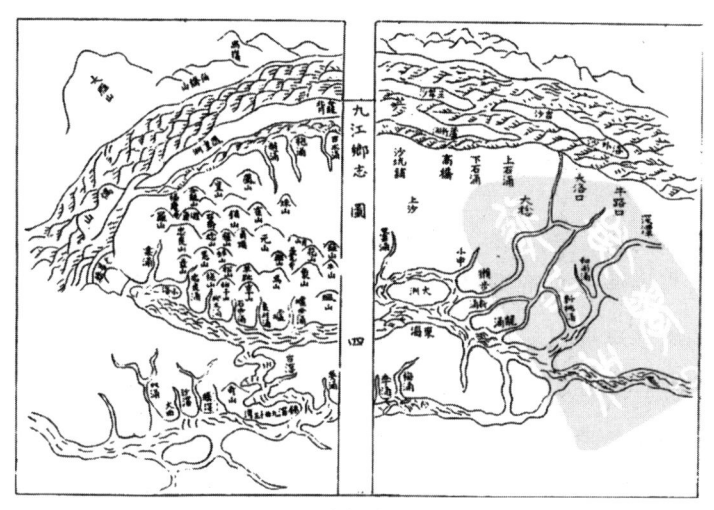

图 2　清初的九江乡

该图的方位是上南下北，由图 2 可见，在东北区有大量山岗。围绕这片山岗形成了许多早期的岗地型聚落与市场、寺庙。而横贯九江乡北部有一条较大的河，当地人称为里海。里海分出了许多小的河涌，由凤山自西向东有墟步涌、良村涌、石步涌、忠良涌、堂涌，这些涌边的民居都是顺治时期的"一条"村。而本乡的堤围，最重要的是沿着里海的土围及南面沿着西江的九江大围。可以说，正是沿着里海修建的基围，使在河涌旁形成稳固而不断发展的定居点成为可能。

刘志伟指出，珠江三角洲所谓条状聚落和块状聚落这两种不同的聚落类型区分，实则是历史发展的不同阶段而已，块状聚落也是在条状聚落的基础上形成的。他解释现代建筑学家所谓"梳子形"聚落，梳把是早期的条状聚落，随着时间推移和人口增长，渐渐往里面延伸成为梳齿，形成块状聚落。①

---

① 刘志伟：《珠江三角洲聚落空间的历史社会学分析》，第 21 页。

从时间而言，这些沿涌聚落的形成时间相较于岗地型聚落为晚。而沿涌较早开发的农田与水塘，其早期的产权并不属于这些聚落。在河涌型聚落中，非常普遍流传着一类早期的定居故事：村名本来是一个姓氏，但该姓氏在此村渐渐式微，为另一些姓氏所代替。

例如西樵北部（今丹灶白坭村）中的蓬村，便有一段乾隆时期的文字。

> 又按吾乡本名冯村，后更名蓬村，盖本村为冯姓始居，族大裔繁，故命曰冯村。自吾始祖来此，居于村边一隅，榛莽之间，即西园，其后子孙骎骎日盛，冯则渐衰。更名蓬村者，吾族自更之也。村场中高而旁低，昔时基围未建，环村皆水，形若蓬莱仙岛，蓬村之名所由称也。冯氏子孙至本朝乾隆五十二年故绝无遗，强宾压主，岂不信然。①

这一类"强宾压主"的故事在西樵地区非常常见。这一类故事透露出两个重要信息：即该姓氏现时（讲述故事之时）在聚落中占据主导权，以及之前不曾具有主导权。这类故事可以在河涌型聚落开发时的经济关系中得到解释。在这类聚落形成的初期，河涌旁的土地一般属于外来的地主，其佃户或住于茅寮，或居于船上，并未完全形成完整的民居群。保护当地生产的基围，也由远处的业主出资维护，并非由河涌边的居民出资维护。而获得该村落主导权的过程常常是，获得户籍，积极参与基围维护以及开发新的低地资源。当本地的聚落已成规模，且完成以上过程时，"强宾压主"的故事便会产生。以下西樵民乐藻美吴氏的故事便能看出该族积极运用宗族语言表达新的经济关系。吴氏崇祯十六年的族谱序有如下内容。

---

① 《竹林原委》，《苏世德堂族谱》，该谱于2018年10月摄于佛山市三水区白坭镇。

我祖之初，始自泰伯，泰伯封吴，以吴为氏，渤海之源自此基矣。比至五代之季，乃迁于珠玑。及宋理宗时，而元人入寇，而徙于太艮。太艮之居也五世，追六世而生子三，长讳佩，次讳玟，三讳环。是时太艮之田固多，兼买樵西之田亦不少。及三子长成，季子来收租业，登樵山之麓，望藻溪之美，山清水秀，遂辞太艮而迁居于此焉。籍列南海，户编云津十图九甲里长吴聪。则我祖之择地卜居也，有自来矣。越至于今，由宋而元，而明而清，历朝相沿五百余载矣。而子若孙，生齿日繁，支庶日多，非竭心目之力，岂易重修哉。于是远而考诸旧谱，近则询之前辈，及得先伯仰溟公遗稿，得夫世代之可稽，考号之可据，姓氏之可符。绘世代讳号于前，列名氏生化于后，俾后之世代相联，本源可见矣。噫噫！后之视今，亦犹今之视昔也。余也，造是胚胎，以俟后之智能贤孝，得以考覆而续修之也。且以永其传耳。是为序。①

该序透露了，原本民乐藻美乡的土地是属于顺德大良（文献中称太艮，实为大良）的，由其族远祖买得。从远来"收租"到"入籍"纳粮，是在证明该聚落的主导权已经从外面的人成功转移到当地人手中。与此同时，吴氏也承领了桑园围基段的修筑责任，成为"基主"。虽然本故事并非"强宾压主"的类型，而是该类型的变体（"强宾"乃"原主"之后代）。但二者实际在共同宣示聚落主导权的易主。

当本地人入籍、经营堤围、获得土地产权之后，随着资源的积累，他们又会去经营远处沙田的土地。进而又有一轮新的"原主之后"与"强宾压主"的故事产生。例如民乐本是一个非常典型的河涌型聚落，但他们在清代后期大量经营大栅围（约离民乐乡5公里，处于堤围外的

---

① 《重修族谱原序》，《延陵吴氏族谱》，该谱于2008年收集于佛山市南海区西樵镇民乐藻美村。

沙田）的土地，也负责着大栅围的维护。应该说，在明清时期，河涌型聚落的历史是在不断重复的。

（三）社：早期社区组织

不管是岗地型聚落还是河涌型聚落，其最原始、最稳固的社群组织是社。现今考察所见的乡、村、族均是聚落形态和社群组织整合的结果，而不能被视为根本的单元。一个社所对应的范围及其组织，譬如物理学的原子，是西樵聚落的根本形态。

学界对于社的研究，一般会把社与明初的里社制度联系起来。然而西樵地区的社，尽管与明初制度同名，却未必同为一种事物。这不仅仅体现于社的形制、数量与制度所规定的并不对应（这或可理解为民间在实施时有所差异），而且体现于其运作逻辑之截然不同。我们先从明初官方的构思考察，《明会典》卷九十四《礼部五十二》有如下记载。

> 凡各处乡村人民，每里一百户内，立坛一所，祀五土五谷之神，专为祈祷雨阳时若，五谷丰登。每岁一户轮当会首，常川洁净坛场，遇春、秋二社，预期率办祭物，至日约聚祭祀。其祭用一羊、一豚，酒果香烛随用。祭毕，就行会饮，会中先令一人读抑强扶弱之誓。其词曰，凡我同里之人，各遵守礼法，毋恃强凌弱。违者先共制之。然后经官。或贫无可赡，周给其家，三年不立，不使与会。其婚姻丧葬有乏，随力相助。如不从众，及犯奸作科，一切非为之人，并不许入会。读誓词毕，长幼以此就坐，尽欢而散。务在恭敬神明，和睦乡里，以厚风俗。

据此，第一，社依托于里甲组织而存在，其编制的逻辑是在户籍意义上的，而非地缘意义上的。第二，社的仪式时间是春至与秋至两日。第三，社的成员是"同里之人"，其中若得到周给之后三年不立者，可以开除出会，即失去成员资格。

反观西樵的社，第一，社是一种地缘组织，与居所的范围严格对应。据咸丰《顺德县志》如下载。

> 盖承平日久则生聚多，所在荒碛，逐渐辟而徙分焉。但数十家聚处一区，自设保甲，自筑枌社者，即别著一名，户籍亦别为编造。转盼生齿繁盛，公然聚落矣。①

从文献看，"自筑枌社"是形成一个村落的仪式表现，是与别有村名、另立户籍同时成立的。李晓龙据此认为社"是新的基层组织的形成"，与明代的里社已经有所差别。他进而指出清代"以社辖村"及"以村辖社"等复杂的情况，认为清代里社随着里甲制度的解体，亦发生了多种变化。② 延续李晓龙的观点，我们应该注意民间所谓"田社"（嘉庆《龙山乡志》定义为"或数家，或十数家共为社者"）③ 与里社是不同的事物。

而从田野调查的经验看，当地人可以指出对应于该社的地域。这个地域的范围包括了居住的地方，不包括其田地所在。以西樵简村为例，简村分为五社，分别为冈头社、大社、东社、西社和北社，据康熙四十六年北帝庙的钟铭"通乡五社弟子重造洪钟一员"一句看，可知至迟康熙年间，社是本乡人群的重要组织。其中"西社"管辖的范围，当地人会与"西便"的地域完全对应，是属于简村中的一个坊区。更加重要的是，社与地域的对应并不以人群的变动为转移。在宣统时期的一份北帝各社颁胙名单中，西社的主要成员为冼姓与郭姓，而 2017 年的

---

① 咸丰《顺德县志》卷 3《舆地略》，《广东历代方志集成》广州府部，岭南美术出版社，2007 年影印本。
② 李晓龙：《清代珠江三角洲的里社与乡村组织——以桑园围为例》，《中山大学研究生学刊》2012 年第 2 期。
③ 嘉庆《龙山乡志》卷 1《埠社》，《中国地方志集成·乡镇志专辑 31》，第 40 页。

调研中，郭姓已经与西社成员无涉，冼姓已经成为西社唯一的姓氏了。据此又可以推知，社对应于地域而非人群，而明代制度里社的"里"对应于人户而非地域，此为二者之较大区别。

第二，社的仪式与明初里社的仪式的逻辑不同。在西樵众多村落中，俱有上元节添灯的仪式。该仪式主要是社对应的地域中之家庭，若有新生男丁者，必于社头挂红色纸灯笼，取添丁（当地话与"添灯"谐音）之意。而在人死之时，抬棺材出殡时必须"告社"，意在"社公"处除名。由此可见，社的仪式与人的生死繁衍相关，尤其与男丁相关。在简村各社颁胙的程序中，社有一套统计男丁的簿册，或称为丁口簿，是颁胙的依据。总之，明初里社强调的是教化的意义，而当地社制主要强调的是定居与人丁增长、生老病死的意义。

第三，社的社群组织，极易被整合到神庙、宗族的组织之中，而削弱了其作为聚落单元的作用，此留待后文细论。但是社跟坊（便、片）的范围极为相称。前文已经引松塘乡华宁坊及其土地会的资料，可供说明。尚有民国时期西樵河岗村竹塘苏氏族谱，提供了"坊"与社之对应关系。本谱叙述竹塘坊之历史如下。

> 本坊系宋朝官南雄始兴令之懋修公之子万华祖值时事倥偬，迁居于此。初开村筑于坊之西北隅，前临涧水，后枕高冈，正开大门楼。左右横开小门楼，名为三门楼。宅之西，凿井而饮，数传后，生齿日繁，大启尔宇。先人以西边乃开基之处，首立门楼于西，额曰眉山一脉。嗣因屋宇蝉联，下递门楼，渐迤东南。宅之南再开一井，越十余传而丁口益增。东屋云连，乃立门楼于东，名曰震阳门。当时东门外祖坟磊磊，未几坟之左右及坟之后，围绕筑室，复于村东北方添开一井，坊之形局，于是乎成焉。坊之后冈，名曰高边山，西北隅围墙高磊，固吾围而防盗贼。墙外小坑，又引水流于南北墈下，而□乃筑墙时就□泥，特留该坑也。坑以外直达康公古

庙，系属通乡地段。康公古庙之左有大社，系通乡立焉。古时正月上元，各姓挑灯酒在此叙饮。①

从本描述看，该坊是围绕高边山形成的一个岗地型聚落。其聚落形成大致是居于岗西一隅，逐渐往东发展，与上文华宁坊的发展类似，系岗地型聚落扩张的模式。而康公古庙旁的大社，是竹塘坊的社（与田野调查经验相符合），亦是在上元节举行仪式。由此可见，坊与社构成了西樵最基本的聚落单元。

总之，社作为一种社群组织较为简单，其主要功能在于处理定居的"屋场"（类似今日之宅基地）的地域问题，以及男丁增长繁衍的问题。这些问题仅限于定居的意义上，尚无法及于"坊"以外的资源控制及其他事务。故定居的人群，很快发展出新的社群组织来处理较大地域的、更加繁杂的事务。

二　村与族：聚落的整合

从今日的田野调查经验看，坊与社一般不是直观的聚落单元，村与宗族才是外来人对于西樵乡村的直接印象（正在形成中或者定居不久的聚落除外）。从本地人的叙述中，村史一般也被等同于姓氏史、宗族史讲述。可供研究村史的证据，也绝大多数来源于族谱。那么，村与宗族如何成为西樵最直接的聚落景观呢？

对于村与族的历史，科大卫和刘志伟给予了三个非常重要的历史解释。第一，宗族源于明代中叶陈白沙、湛若水、霍韬、方献夫等精英推广的一场礼仪革命。黄萧养之乱后，户籍与是否效忠成为身份构建的关键所在，而获得"编户齐民"的身份又有利于民间控制权力与资源。

---

① 《竹塘坊基址列后》，《竹塘族部》，该谱于2015年拍摄于佛山市南海区西樵镇河岗村。

在这些精英把源自宋代理学改良的宗族礼仪进行实践之后，民间社会很快利用宗族作为皇帝的礼仪象征，引入本地以示其"编户齐民"的身份，用以区分化外的疍、瑶。① 第二，宗族在沙田开发的控产方面，具有非常重要的意义。刘志伟以沙湾何氏的个案表明，宗族利用其权势控制和开发了大量沙田，并建立了相应的护沙武装。通过户籍和身份的控制，试图稳固资源开发的形态。科大卫认为在清末公司制改革之前，宗族以其始祖崇拜的形式，成为民间控产的重要机制。第三，关于村的历史，科大卫认为在定居的过程中逐步形成了入住权的一种惯习，从而广泛形成了以单姓村为主的华南村落格局。

本文接受两位学者的重要论断，从珠江三角洲区域历史发展的时间表中，他们非常深刻地揭示了村与族形成的逻辑。本文所研究的西樵地区属于"民田区"，是较早获得编户齐民的地域，或者说是获得编户齐民身份并不太困难的地域。不可否认，即便在"民田区"，宗族也是在不断发展的。那么悬而未决的问题是，宗族毕竟是以始祖崇拜为基础的继嗣群体，有什么样的社会基础，使宗族得以迅速形成呢？两位学者解释了"为什么"建立起宗族的礼仪，但似乎对于宗族如何建立的过程留有余地。作为在珠江三角洲考察多年的资深学者，他们非常清楚每一个单体的宗族均有其发展的具体时间，亦需与地方社会发展的具体脉络结合，那么我们有可能建立一个比较普遍性的解释吗？

事实上，在坊与社的基础上建立宗族的礼仪最为便利。坊是一个单独的"屋场"，已经具有同姓聚居的特性，这或多或少与聚居地的产权相关。前引松塘华宁坊的资料显示，该坊"原属本乡场圃"，亦即（也可能只是叙述人主观上）他们认为对该片地面拥有产权，故可以建立新的坊。社是早期的社群组织，统管一片确定聚居地的人丁繁衍以及生死之事，故把社的组织移植为宗族的"房"，继嗣群体就很容易建立起

---

① 科大卫：《皇帝和祖宗：华南的国家与宗族》，第79~146页。

来了。虽然这并非可以解释通所有宗族发展的基础，但确是西樵地区比较常见的建立宗族的方式。

例如简村的冼氏宗族便是明显于坊（便）与社的组织中整合出来的。按照冼氏的"宗族话语"称，其始迁之祖盛源公，于南宋时期迁往西樵山麓大茂村。"源盛公子四，长迪，次逵，三进，由大茂村迁简村，分为三大房，四逊，迁大桐自为一房，另谱。"① 据此，简村冼氏具有三大房。其中"二世祖讳迪，号仪山，源盛公长子，居简村西向，称西房，注南海县江浦司简村堡十四图二甲冼宪宗户民籍，是为长房祖"，"二世祖讳逵，源盛公次子，居简村东向，称东房，注南海县江浦司简村堡五十四图一甲冼以进户民籍，是为二房祖"，"二世祖讳进，源盛公三子，居简村南向，称南房，户籍与二房同，是为三房祖"。又根据晚清简村北帝各社（此时社已经成为北帝庙以下的组织）颁胙的记录，其中冼姓分布于西社、东社、南社，恰好与三位房祖对应。又根据田野访谈的经验，当地人可以清晰讲出每一个房的住所，亦与社的范围对应。宗族建立以后经历了如此长时间的发展，每一个房依然保持着自己严格的居住区格局，说明社自有的社群组织功能依然在起作用，在宗族的话语中保留着自身与地域结合的特性。

正因为房是在坊与社的基础上"加工"出来的，所以西樵宗族的房保持着相对比较稳定的结构。房的族员相对聚居，有自己的房祖祠堂，当地人称为"公厅"。房祠常常建于始祖祠之前，简村冼氏直到光绪三十二年（1906）才建了始祖祠，该族二十一传孙冼翔撰写了《倡建冼氏大宗祠碑记》，叙述了这个过程。

> 立庙之义，见诸大易。三代以后，制度谨严，而士庶之得以联

---

① 《岭南冼氏宗谱》卷3《分房谱·简村房》，该谱于2012年笔者摄于简村冼氏房中，系居民的旧谱残本。

宗建祠，则自明嘉靖朝始。我始祖源盛公，宋象州学正，咸淳间，由南雄珠玑巷徙居南海西樵大茂村，二世始居简村，聚族于斯，子孙蕃衍至今勿替。族分东、西、南三房，各有祠祀其房祖。祠内皆立始祖主位而究未享有专祠。虽曰财力不逮，亦时王之制限之也。逮于国朝，人物稍著，迩益昌大，子孙以营业起家者众。同治十一年三大房集议建祠，计非万金不济，而筹款之法莫如集会。即以是年倡设报本会。光绪十年，继设济美。十二年，又加千益会。三会既成，可以建祠矣，而估工计材，会项实未敷用，于是复有题签之举。其时南房子孙冠芳、衡芳兄弟合捐银壹仟员，以为之倡。西南房子孙助捐自数十百员至叁百员者甚众。又行计口出率法，每丁抽银壹员，无不踊跃从事，合计得万金有奇。工费既敷，百堵皆作，经始于光绪癸未季秋，阅一载告成。其祠在南房分房祖仕来公祠之左，坐壬向丙兼亥已。祠内分三座，后寝室，中大堂，前头门，旁有衬祠。全间祠地则捐自仕来祖祠，前甬道及左右余地则捐自南房光裕堂子孙，祠前大湖本光裕堂田业，亦由其子孙送出。既落成，恭奉始祖升座，时分派之大桐房及樵岭云端、大科之分房兄弟咸来襄祀。衣冠济济，俎豆莘莘，真数百年未有之盛事也。阅三载，新祠之花砌忽生灵芝草，冠芳家亦同时出重台莲，咸以为瑞气所感云。阅二十年，光绪丙午，伤于风蚁，剥蚀将倾，而修费无着，南房冠芳复捐银六百员，广明捐银二百员，杰明捐银一百员，分房大黄圃藻扬捐银叁百员，其余鼎力捐助，合得银一千余员，适敷费用，规模复焕然一新，寝室木桷易以坤甸，较前尤牢固。所谓有其举之莫敢废也。夫自宋迄今，阅四朝矣，而报本追远之心久而弥笃，卒之有志竟成，大启尔宇，盖祖宗之灵爽实式凭焉。自时厥后，每有族事，则大集三房于祠，相亲相睦，相友相助，敬宗收族之义，于是乎在，岂不懿欤？

冼氏裔孙所言"各有祠祀其房祖""祠内皆立始祖主位而究未享有专祠"的局面,是西樵地区非常普遍的现象。但是这种局面让他感到紧张,所以必须假借一套礼仪制度的话语来缓释之。他认为嘉靖朝以后方才许士庶联宗建祠,"时王之制"是造成始祖祠未及时建立的原因之一。此处与其分析时王之制是否真的存在约束力,不如细析冼氏裔孙的论述前提。他援引礼制的变革,并未深究该变革的细则,在他心目中,房及房祠早已是一种自然而然的、不言而喻的存在了,所以他才去强调祖祠的重要性,为修建及重修张本。亦即,房与祖,在当地人心目中是有亲疏之别的,房更为贴近他们的生活,而祖的重要性则需一再以资金和礼制去解释。这与弗里德曼认为房比族更加贴合地方社会与人群组织的论断亦相符合。如上文分析,房与祖的亲疏之别,实则蕴含了坊与村、社与祖的先后之别。

冼氏所行"计口出胙法"亦值得注意。上文提及,在民间社会中,社具有一套统计人丁(尤其是男丁)的机制。这套统计自然而然被过渡到房的组织下。河岗竹塘苏氏在其颁胙的规条中指出,"议新旧丁未挑灯酒拜祖者,不得出入山享胙,如在本年正月十五以后出世者,仍许入山,倘下年不行挑灯酒,仍照停胙"。该规条反映出,原本社的上元节挑灯之礼仪,"移植"到祠堂去了,社神也被代之以祖先。但是"挑灯酒"仍然符合系丁于社的习俗,若没有这个仪式,新丁就不能颁胙。竹塘苏氏族谱的后半部,有一份颁胙的清册,便是按"丁"分配的。清册之后,附带着逐年写就的自1865~1949年的增加"新丁"的名字,是把社"计丁册"的功能完全过渡于房谱了。

在西樵乃至南海的民间社会中,男丁数有一套类似的统计,这便是依托于社与房的挑灯之礼和颁胙之份额才可能如此整齐划一。光绪时期,南海以编氏族志的名义,曾经编写过《南海氏族》一书,该书便是以此丁数向每个族收取费用的。此"丁数"已经绝非赋役意义上的丁,而是以房为单位,在挑灯礼仪中登记的丁了。

相比于从社发展而来的"房","族"的可塑性更强。但是我们应该注意,在联宗成族之时,房常常作为一个整体纳入,成为系谱图的一支,而不是房内部的成员,分别串入于族谱之中。参照弗里德曼、科大卫、刘志伟的观点,族在控产方面具有非常重要的功能,并非社的组织所能比肩,而珠江三角洲沙田开发中,这种身份上、融资上以及武装实力上的优势促成了宗族组织的有效性。族的发展亦非单纯属于血缘的扩张,西樵北部白坭蓬村围绕一群"外人"能否入族的讨论,恰好给我们显示了社、房、族三者的关系。

蓬村位于西樵的西北面,现属三水县白坭镇,其主要姓氏是苏氏。苏氏宗族追认一世祖为南宋的宜村公,宜村公有二子,遂本村分为二房。苏氏的真正繁荣至少要到康熙以后,至乾隆时期在当地较为显赫。《苏世德堂家谱》分别载有五世孙序(洪武至天顺间人)、八世孙(成化至嘉靖间人)序、顺治十六年序、康熙二十八年序、咸丰九年序二篇、光绪六年序二篇、民国十七年序,现存族谱中大量的文字是乾隆末年的十六世孙英和撰写。其大宗祠建于康熙二十四年,重建于乾隆四十九年。苏氏控制着位于西江中的一片较大的沙田,称为海心沙,即现今的解放沙村。据苏英和所撰《海心沙原委》,康熙三四十年间,海心沙露出沙影,不远处的岗头村梁族便赴县衙承佃开垦。不料久不成沙,遗留下来税粮重担。至雍正八、九年间,苏氏报垦海心沙,此次开垦成功。至乾隆二年开始,岗头村梁氏与蓬村苏氏开启了长达三年的争讼,最终在苏族进士苏文带领下获得官司胜利,海心沙遂易名苏文沙,此名称一直延续到土地改革前后。尽管乾隆之后,苏、梁二族围绕海心沙的产权和开发问题争讼频繁。苏族把苏文配祀于始祖之侧,纪念他赢得争讼的功劳。可见该沙田的开发对于该族在乾隆年间财富的积累有重要意义。

乾隆十八年(1753),该村有一群人在进倡的带领下,谋求与苏氏联宗。①

---

① 《竹林原委》,《苏世德堂族谱》,该谱于2018年10月摄于佛山市三水区白坭镇。

"竹林进侣之祖,某不知何许人也,相传以为耿氏,初为蓬洲公养子,继而虑其乱嫡,故而居之竹林,以示远别,其子孙遂称为苏姓,数传以后,其族有进侣者,以多财称。于乾隆十八年,谋率其属串入吾族,认吾始祖宜村公为祖,登之族谱,序之昭穆,愿献千金入祖,听其宜居族境内。"进侣的手段高超,"择苏族中之贪黠者,先通厚赂","其柔懦萎靡者,皆贻薄贿",于是"翕然从顺",最终由耿直不阿者二三辈阻止而不能遂其谋。乾隆五十二年(1787)饥荒,祖祠"竭力赈施,众望未惬",族中便有人引进侣之子朝觐"乘灾串宗,代其遍说族人,每丁许给救荒银三员",但苏英和之父不肯答应,再次拒绝。朝觐乃带领恶少,"于五十二年四月十六日,呼率族众,登祠取出族谱,登注系之宗派"。族人大抵默许此事,维英和之父再次"独排群议,力斥奸谋",方最终阻止了此事。英和其后分析道,"吾祖尝颇丰,岁岁增长,如令耿氏后人得与吾属乱嗣,平分共享,吾今得其所捐者几何,而他日之贴赔于彼者正无异也",是进侣、朝觐实有借机分享祖尝,共同开发沙田的野心。①

在这一系列"串族不成"的事件中,反过来可以看到坊、房与族的关系。"竹林"是一个坊,进侣等从耿姓改苏姓之后,试图以宜村始祖之养子的身份,串入族谱,成为与该族二房并列的一个房,谋求分享祖祠的尝产。从"登注系之宗派"一句可知,竹林进侣已经用宗族话语编好了本系的房支了,只需得到族谱,便可以立即续上。这又说明房及其前身的坊,有其建立自身世系较为便利的基础。而所幸串族不成,如今才可能看到一个房进入族的证据,如果进侣等获得了成功,如今的族谱无非多一个房支罢了。这又说明了族一层单位的弹性。事实上,通过改姓,以一个房支的形式联合其他房支形成共同始祖的现象,在西樵地区屡见不鲜,这反映了地方社会一些人群改变身份、谋求资源等非常现实的需要。

---

① 以上均引自《竹林原委》,《苏世德堂族谱》,第 26~30 页。

三　乡与局：从聚落到区域的历史

上文所述西樵聚落整合的结果是村与宗族。然而村的范围不可能太大，因农业社会的聚居点不可能如现今的城市般无限绵延。宗族尽管具有村内收族、村外联宗乃至改姓联宗的诸多可能性，但其界限非常明显，其姓氏及血缘继嗣群体的外壳，不可能涉足相邻大姓强宗的许多事务。处理村以上的许多问题，便需要有新的机构去统合村与族，而这些机构，往往也建构了一个乡的区域出来。

在西樵地区，堤围水利、社会治安、词讼、土地（包括墓地）争端、水源分配、交通管理均非一村一族的力量所能组织。科大卫以桑园围水利切入，给我们介绍了乾隆四十九年（1784）所建的桑园围总局在统管水利、分配国家拨给的帑银等方面的作用，并指出在此基础上建立了村落的联盟。程洁虹在科大卫的基础上，指出维持桑园围水利组织的是南海神庙（桑园围总局坐落于此）及一系列分属各地的村庙，共同建立了村落联盟的基础。由于桑园围总局依靠着官方发帑的背景才具有权威，其职能也仅限于水利事务而未及最核心的地方权力，而其中神庙的功能也仅仅限于提供水利事务的场所，并没有由此延伸出神明信仰的体系，故桑园围总局不能称之为村落联盟的组织，亦从未把村落整合成一片有实在意义的区域。

在西樵地区，于清代乾隆末年，尤其是嘉庆年间伊始，出现了若干图甲户联合的组织，形成了地方权力机构的雏形。根据刘志伟的研究，清代的图甲已经不是地方基层组织，而是一套纳税的体系。编户以其财产登记到户籍下，根据赋税的规则"完纳钱粮"，户可以对应于个人家庭、宗族分支、宗族总祠、寺庙等无数种社会组织，并没有一定的意义。而本文所揭示的图甲联合组织，并不是国家制度推行的结果，而是一些图甲户自发联合起来，成为初步的地方权力机构，具有政治实体的意义。这个过程，可以称之为图甲组织的社会化。

对于图甲组织的社会化问题，李晓龙已经给出了个案，即西樵海舟地区，由于治水的需要，当地联合建立了一个组织称为"三丫基十二户"。这是三丫基这一条桑园围基段的治水组织，由图甲户下的十二个业户组成，每个业户最少对应了一个宗族，且十二户居处于毗连的一片地方。逐渐地，十二户组织发生了从治水组织到基层组织的转变，与天后庙的仪式相对应，当地亦产生了"天后庙十二户"的说法。尽管李晓龙还未提及"三丫基十二户"是否最终成为地方的权力机构，但起码提供了以图甲户较为随意（不是依照图甲编制）结合起来的地方权力机构的雏形。①

以下一份道光二十四年的乡局断约，给我们提供了另一个图甲组织——二十七户组织的资料。根据《简村冼氏族谱》记载，"其南房祖坟，南房二世祖、三世祖坟墓谱牒不载，今亦无从稽考，惟四世祖仕来公以下至十世祖皆葬于西樵山白云洞右之谷兜冈，俗名窝穴，现按谷兜冈山图，其地甚深阔，分三级，下有同乡李氏二世祖山一穴，道光年间李氏子孙欲盗卖下级地，其时曾经堡内绅耆集书院公断，今将断约附后，俾后人执以为据焉。"该断约内容如下。

白云寺后土名谷兜冈上冼山中深三丈六尺，下李山中深四丈四尺，中间二级山地，上横阔八丈四尺三寸，下横阔四丈六尺四寸，中深壹丈五尺二寸，因冼李两姓各认有祖柩在下，年久世远，难以分判，于道光二十四年三月初六日，请堡内文会里排调处，此后中级内地之坟，冼李两姓每年公同拜扫，不得添葬，不得私卖，不得修山，除坟头外不得责帛，亦不得设立新界，致有争执。立字永远存据。

---

① 李晓龙：《清代桑园围的基主业户与基层社会——以西樵海舟堡为例》，温春来、黄国信主编《西樵历史研究——历史学田野实践教学成果集》，广西师范大学出版社，2016。

  绅士梁上青、麦翘、郭际清、麦穗岐、冼瑞元、陈鉴光、张绍华共订。

  二十七户里排均证。

  李霈时、李朝福的笔。

  道光二十四年三月初六日冼李两姓合同①

  从断约的内容看，"堡"指的是简村堡，本是南海、顺德、番禺地区特有的，图以上的一级赋役等级单位。但至迟到道光时期，该堡有一个书院文会，该文会已经涉足民间的词讼与土地争端。文会的成员是二十七户里排，实际的控制者是堡内绅耆。按简村有七个大的姓氏，分别为陈、冼、郭、李、林、莫、冯，对照订约绅士的名单，早已超出该村的姓氏之外。可以说，这是一个简村自身关于墓地争讼、求助于村（族）以上机构得到裁决的公约。由此可见，二十七户（书院文会）的组织在此时已经成为凌驾于村落之上的权力机构了。

  应该说，图甲户、书院文会这类组织的权力是在不断扩大的。以上李晓龙揭示的信仰整合、笔者援引的裁断词讼，都是这类组织不断发展的体现。而咸丰年间的洪兵之乱与团练制度，则加速了这类权力机构职权的不断扩张。

  咸丰四年，在办理团练的事务中，同人局应运而生。有记载如下。

  潘鉴溁，号琴生，西城乡人。少好学，工文词，尤遂于《易》。年逾三十，始补县学生，屡试高等，卒不售。咸丰四年，红巾乱作，与康国熺联合三十二乡，开同人局，倡办乡团，筹饷练兵，机宜悉协。贼闻风远避，临近赖安。②

---

① 《岭南冼氏宗谱》卷3《分房谱·简村房》，该谱藏于中山图书馆。
② 宣统《南海县志》卷19《列传六》，《广东历代方志集成》广州府部，岭南美术出版社，2007年影印本，第420页。

根据笔者的田野调查,"三十二乡"的范围等于上文二十七户的范围,虽然同人局不能说是二十七户组织的延续,但可知在村以上办理军事武装的事务中,村与族的力量已经不再足够,而基于图甲等初级的组织开始逐渐独立出来,成为实体化的地方权力机构。在这些权力机构形成之后,地方较大的事务已经不再取决于村落与宗族的领袖,而是取决于一些具有名望的士绅。

同人局之所以能够顺利开办,是因为得到了一批当地士绅的支持。士绅黎芳的传记中可见。

> 黎芳,字择芳,号信园,江浦司黎村乡人。弱冠试于有司,文名籍甚。道光十二年,学使李棠阶以第三人录进县庠,因于场屋,屡荐不售。咸丰四年,红巾煽乱,同人局绅康懿修倡办团练,虑乡邻无应者,芳知其谋,即与其兄泽充、泽棠亟筹守备应之,时贼所在麇聚,盖厂为营,胁从者声势甚张。芳约束乡人,谕以利害。①

两则材料中的康国熺、康懿修是何关系,笔者并未找到材料。而从此则材料看,黎家兄弟加入团练局,是举足轻重的事件。因为只有黎芳这些士绅支持,康懿修等才可能成功组建团练,否则"乡邻无应",是无法进行地方较大规模的联合的。

而且平定红巾之乱后,同人局并没有解散,只是渐渐不以团练的形式存在。

1899 年 6 月,广州《博闻报》报道,"西樵同人局绅董黄德华等,以土匪区赤肋申等纠党横行,具禀抚辕,请即派兵弹压。"广州巡抚鹿传霖批示,答应派兵弹压,但要对地方局绅提出要求:"今匪党猖獗,

---

① 宣统《南海县志》卷 20《列传七》,《广东历代方志集成》广州府部,岭南美术出版社,2007 年影印本,第 426 页。

为该绅等桑梓切肤之灾，亟应认真整顿团练，自卫乡里……"①，这刚好说明了同人局在咸丰之后仍然在运作，成为地方社会与政府沟通的机构。尽管其团练的职能已经削弱，但在地方行政事务上的地位得到了加强。

同人局的例子很可能让人误解成由于地方动乱和团练制度的推行，"自上而下"地产生了一个联合村落的机构。这样的机构未必有真正的地方基础。由于资料阙如，同人局的历史只能暂时搁置，而以下民乐的个案恰好弥补了这个空缺，让我们看到一个乡及乡局如何在村与族的基础上整合而成。

民乐是典型地从河涌型聚落一步一步发展起来的。在民乐的范围内，有两条主要的河涌与聚落分布相关，即民乐涌与藻美涌。清代前期，随着沿涌聚落的发展，逐步发展起了村与族的组织。从地图上看，民乐涌与藻美涌的村落只是相邻的地区而已，未必是一个整体。民乐乡的形成，与市场及丝织业相关。

民乐市场最早见于记载是乾隆的《南海县志》。该市场处于桑园围东基上，在民乐涌汇入珠江干流之处。在基围上设有窦（水闸），是为民乐窦，专司民乐涌与低外水源地调配和平衡。在后来被称为民乐的范围内，在清代中叶早已有关、吴、潘、程、陈、张、罗、梁等姓氏成立形成了宗族。但是宗族以上处理乡村事务的机构，溯源于嘉庆年间成立的三乡社学。三乡社学逐步发展成三乡局，光绪年间，有一块梁氏祠堂的《重修祖祠碑记》可以看出其运作。碑刻记载该族重修祠堂时，所捐出的经费将会分年三倍偿还，于是该族请了三乡局来作证。

> 族人深思熟虑，恐代远年湮，风霜剥蚀，后人不知原因，致生异议，复于丙午年七月初二日集局，将前项情由，请局董及三

---

① 《请兵弹压》，《申报》1899年6月18日。

乡绅耆知见，仍依宴会公议连本三倍递年摊还之说，此皆该族人众情允，无有异言，即日由局董及众绅耆等拟稿勒碑，以垂不朽，庶两人之义举可以表明，而后人亦不致历久而生异议也。是为之记。

三乡局董　罗启光

绅士　张伯龙　张荀龙　罗藻清　张金涛　张曰仁　张仕龙　罗葆熙　吴国可　张仕毅　关祺瀚　张铭恕　程友谦

三乡耆老　程鉴华　潘文森　潘协朝　罗启基　程湘华　程结新　程玲新　黎宽意　潘海山　黎明广　周德江　吴升浦　程汝华　潘文灿　关晴和　罗启流　张鐕廷　潘仪朝　关耀宗　潘廷誉　张华昌　罗启畴　潘钰球　吴焕昌　程焰华　梁树芳　梁合成　梁楚顺

族老　饶蕃　殿安

……（个人捐银数略）

光绪三十二年岁次丙午十月吉日①

从碑刻中，我们可以看出三乡局大致的权力架构。最高的领导者为局董，之下为绅士和耆老，他们共同组成一个管理地方的组织。从三乡局的人员名单看，该局并非宗族势力的投射，亦非宗族在地方势力上的均衡分配。三乡局的形成，意味着出现村与族之上的空间成为可能，也意味着各个宗族的精英可以在更高的舞台发挥其能量。

"三乡民乐"这一地域单位，在长期的历史发展中已经形成稳定的村落共同体。据当地村民告知，所谓三乡是"藻美、云滘、林村（儒林）"三乡，实际上包含了24个村，基本是一姓一村。24个村都属于

---

① 梁氏祠堂的《重修祖祠碑记》，系笔者在西樵山田野考察中所得，现置于佛山南海西樵镇民乐福地村梁氏祠堂内。

民乐，共同奉祀一个离民乐窦不远的北帝庙。尽管新中国成立后该地经历了多次政区变动，到如今，民乐三乡已经拆成民乐、联新两个行政村了，但是在村民的观念中，他们都会有"民乐"的归属感。这说明清代以来地方社会重组的格局，在观念上是延续至今的。

清代的局与民国时期的乡委会常常具有连贯的关系。南海县的情况因文献关系，在清末新政中乡镇如何划分并不明朗。1928年南海县根据广东省西区善后管理委员会的部署，成立县事委员会，辖下也先后成立区、乡事委员会。这里有一份详细登记1929年南海县区乡委员会所在地的材料，仍然可以看见一些晚清乡局带来的影响，这里只摘录南海县第七区、第八区部分予以说明。

表1 民国十八年（1929）南海区乡委会地址与清代乡局组织对照

分区	民国区、乡委会	地址	乡局	时间
第七区	区事委员会	西樵迳墟同人局	同人社学	咸丰四年
	俊云溪乡委会	横江墟		
	上金瓯堡乡委会	沙基墟	东乡书院	
	三乡民乐乡委会	民乐市社学	民乐三乡社学	嘉庆十九年
	南沙乡委会	南沙墟		
	百滘堡乡委会	大冈墟		
第八区	区事委员会	官山三元宫		
	官山市乡委会	官山墟		
	樵岭等乡委会	官山墟		
	海舟堡乡委会	海舟文澜书院	文澜书院	道光二十六年重修
	简村堡乡委会	官山墟高街		
	崇德乡委会	大岸乡崇德局	崇德社学	同治以前
	下金瓯堡乡委会	下金瓯儒村乡	金瓯乡约	同治以前
	鳌龙吉乡委会	杏市鳌头社学	古鳌社学	同治以前
	先登堡乡委会	太平墟牖民善堂		

资料来源：表格的前三项来自《南海县各区乡事委员会改为警察区署一览表》，《南海县政季报》1929年第1期；后两项来自同治《南海县志》卷1《图说》和卷4《建置略》、宣统《南海县志》卷3建置略。

综上所述，民国时期"区—乡"的建置，实际是以晚清不同级别的公局组织为基础的，这种组织在该案例中表现为"同人局—民乐社学"的组织。这些组织统领村落，行使着地方部分的行政职权。民国的政策，只是把地方固有的组织正规化，从而建立了国家基层政权。

余　论

从"坊与社""村与族""乡与局"这个聚落发展的进程中，我们可以看到西樵地区聚落整合的脉络。"坊与社"是在安排聚落定居时形成的，村与族是在分配经济和社会资源的进程中形成的，而乡与局，则是在处理水利、治安、武装、词讼与土地争端的进程中形成的。关于三者的发展逻辑以及与国家的关系，留待另文讨论。

细心的读者会发现，即便在乡与局这个层次上，聚落的整合依旧没能建构出一个西樵的区域来。这似乎反驳了本文开篇所言"西樵故事"的可能性。事实上，随着聚落的层次越来越高，国家的介入就越来越强。在坊与社的一层，国家提供了产权制度的环境。在村与族的一层，国家则把赋役加诸其身，并凸显了身份制度的重要性。在乡与局的一层，前文所言的水利组织，国家有专款投入，团练组织，是国家推行团练的结果，图甲组织，是借用了图甲制度的外壳。所以最终西樵作为一个整体的故事，便仍然要从国家的行政区划中寻求。

值得注意的是，本文所论述的聚落发展形态及社群组织，在实际运作中是非常动态的。除了坊与社相对稳固以外，村与族以联宗的方式，变成了新的村与族的情况屡见不鲜。而乡与局，更是因为其主导精英的特征，经常处于变动之中。非但如此，从这个动态的模型还可以看到聚落发展的扩张进程。在西樵山冲积平原发展的早期，开垦的土地是属于住居在山与岗的村落或者佛寺的，他们形成了早期的村与族。而同时周围的沙田是他们的产业，正在逐步谋求建立社的定居组织，一系列河涌型的村落逐步形成。当这些沙田的开发趋于成熟，定居已经完成，他们已经登记户籍，获得了"本地人"的身份，便进一步发展他们的产业，开辟更外围的沙田以及基围内的低地。这些河涌型村落形成村与族的时期，同时也是沙田地区形成坊与社的时期。这个"生生不息"的过程，构成了动态的区域社会发展史。

从抚瑶到设州：明代广东岭西地区治理策略的演变*

任建敏**

摘　要：岭西地区是明代广东最著名的"瑶乱"区域，本文主要考察明代在岭西治理政策的变迁，从明初通过向瑶人颁发招抚榜文、设置抚瑶官进行羁縻控制；到明代中叶由官府和当地豪侠之家招募广西的僮人耕守，防备瑶人的侵袭；再到明后期通过大征解决当地的长期动乱，设置州县，把岭西罗旁周边纳入王朝版图。这些政策的变化，与明王朝的国家政策变化以及地方上各种力量的兴衰有密切关系。万历四年（1576）罗旁大征，奠定了岭西瑶区进入王朝版图的基础。

关键词：广东　岭西　瑶人　招主　僮人

岭西，是明代对广东肇庆、高州府二府等地的统称，是明代广东

---

* 本文系中山大学青年教师培育项目"宋元明桂东北族群身份与区域社会建构"（项目号17wkpy36）、中国博士后科学基金面上资助"明清时期西江流域的族群身份与社会变迁"（项目号2018M633202）阶段性成果。
** 任建敏，中山大学历史学系特聘副研究员。

"瑶乱"最为频发的区域，明王朝为此专设岭西分守道及岭西参将等职。①关于岭西"瑶乱"问题的专门研究并不太多，大部分是置于明代两广"瑶乱"大背景下进行的，明代最著名的动乱无疑是大藤峡"瑶乱"。正统以前，两广"瑶乱"的记录是零星的，多是一时一地的情形。但是从正统年间开始，到了景泰、天顺年间，"瑶乱"愈演愈烈，最终引发了成化元年（1465）著名的大藤峡之役。从正统年间大藤峡的"瑶乱"开始频发，到嘉靖十八年（1539）翁万达、田汝成的大藤峡之役，大藤峡"瑶乱"持续了将近110年。大藤峡"瑶乱"一直是学界讨论的重点，有关大藤峡之役的起因、经过及其影响，已经有相当深入的研究。②不过，以岭西为中心的"瑶乱"问题研究相对而言仍然比较缺乏，且有限的研究中，关注较多的也集中于万历四年（1576）的大征罗旁之役。③此役对广东西部（岭西）的地方社会影响深远，不容忽视。大征之后在罗旁及其周边所设置的罗定直隶州，实现了明王朝对罗旁周边的直接控制，打通了经过罗旁的南江（西江支流）交通线，密切了岭西一带与珠江三角洲之间的联系。而且，大征罗旁之后，困扰明王朝将近两百年的岭西"瑶乱"问题也得到了较为妥善的解决。本文在既有研究的基础上，通过更长时段的考察，探讨从明初在岭西地区实行抚瑶官间接管理的方式，历经明中叶的"招僮防瑶"策略，到万历年间罗旁设州的两百年间岭西地区治理策略的演变过程。

---

① 明代史料中的"猺""獞"等词本身有贬低之义，因此在本文正文中以"瑶"与"僮"代替。但引用史料时，为了忠实还原这些称呼背后的历史标签与原文表达，"猺""傜""猺""獞"等字均不作改动。

② 相关研究可参见麦思杰《大藤峡猺乱与明代广西》，博士学位论文，中山大学，2005；唐晓涛《礼仪与社会秩序：从大藤峡"猺乱"到太平天国》，博士学位论文，中山大学，2007；邓国亮《明代中叶"藤峡三征"研究》，硕士学位论文，香港中文大学，2007；David Faure, "The Yao Wars in the Mid-Ming and their Impact on Yao Ethnicity", in Pamela Kyle Crossley, Helen F. Siu, and Donald S. Sutton（eds.）, *Empire at the Margins: Culture, Ethnicity and Frontier in Early Modern China*（Berkeley: University of California Press, 2005）, pp. 185 – 187.

③ 万历四年（1576）大征罗旁之役的前后经过及善后，可见刘勇《李材与万历四年（1576）大征罗旁之役》，《台大历史学报》2007年第40期，第57~91页。古田与罗旁两次大征的比较研究，可见牛建强《土流博弈与内疆展拓：以隆万间古田之役和罗旁之征为中心》，《史学月刊》2016年第3期，第34~52页。

一 明初的岭西"瑶乱"与抚瑶官的设置

明代中前期岭西一带"瑶乱"的梗概，可参见嘉靖《德庆州志》的《事纪》。据《事纪》，从洪武二十二年（1389）开始①，就屡屡有"泷水猺""西山猺""德庆诸猺"等作乱的记载。②为了安抚动乱，朝廷会向瑶人发榜文以招谕安抚。发榜招谕的办法，明初已经在使用了。如《桂林郡志》记载平乐府"三十六源傜"时，提到"建文二年冬监察御史惠阳王□□按治至平乐……遂与左参政苏公恭则、右参□□柱、都指挥□金事葛公森再三慰劳之，复给榜文，安辑厥聚"③。嘉靖《德庆州志》还保存了永乐年间皇帝发给广东德庆州瑶人的"敕谕"，这是少有的一篇传世文字，敕谕曰：

> 皇帝敕谕广东肇庆府德庆州古逢下台等山徭头周八十、刘大，恁每都是好百姓，比先只为军卫有司官不才，苦害恁上头，恁每害怕了，不肯出来。如今听得朝廷差人来招谕，便都一心向化，出来朝见，都赏赐回去。今后恁村峒人民都不要供应差发，从便女生乐业，享太平的福。但是军卫有司官吏军民人等非法生事，扰害恁的，便将看这敕谕，直到京城来奏，我将大法度治他。故谕。④

这一篇敕谕的内容十分丰富，该敕谕以皇帝的语气，指出这些瑶人

---

① 按《明太祖实录》中明代岭西"瑶乱"最早的记载，是洪武二十九年（1396）"肇庆府泷水县猺蛮李敬宗等作乱，率其党四百余人，袭神电卫指挥，郭昂战死。广东都指挥使司发兵讨之"。见《明太祖实录》卷二四八，洪武二十四年十二月癸丑条。
② 嘉靖《德庆州志》卷二《事纪》，《广东历代方志集成·肇庆府部》第39册，岭南美术出版社，2009，第8~11页。
③ 宣德《桂林郡志》卷二〇《三十六源傜》，《国家图书馆藏地方志珍本丛刊》第754册，天津古籍出版社，2016。
④ 嘉靖《德庆州志》卷一六《夷情外传》，第121页。

之所以不安稳，是因为"军卫有司"欺凌他们，所以不肯出来。皇帝说既然瑶人已经出来向化，这些瑶人也不需要"供应差发"，而且许诺假如"军卫有司官吏军民人等"生事的，还允许他们拿着这份敕谕到京城告状。这通文字，确实很有明初皇帝的气势，尤其是准许瑶人上京告状一说，颇有洪武时《大诰》的味道（不过明中叶以后的榜文大概不会再有这样的说法了）。

对岭南地区的"峒獠"之民因俗而治，授予其头目一定官守的方法，从南朝到宋元一直都有。在明代初年，官府仍然以出榜抚谕瑶人的形式为主，尚未有进一步加强对瑶人及瑶区控制的意图。不过，从永乐朝开始，朝廷对两广的政策有所转变，关键事件就是永乐五年（1407）征讨安南以及随后把安南置为郡县。这标志着明朝把岭南变成进取与巩固安南统治的后方基地。征讨与防守安南，一方面征调了不少两广卫所的旗军，导致卫所兵员下降，维持地方秩序的力量也因而有所削弱。另一方面，朝廷开始考虑用更低的成本来保证两广大片的"瑶僮"区域的安稳。在广西，明朝开始更加依赖土官以及其手下土兵的力量。思明府土官黄玹、思恩州土官岑瑛相继为明朝所重用，守备西江中游的重镇浔州。[①] 在广东，除了海南外，其他地区没有设置土官的传统，所以皇帝只能依赖各种地方上的力量。也恰好是从这一时期开始，广东地区出现了一批非瑶人出身的群体。这些人生长于瑶区周边，且往往拥有官方认可的低级功名或者胥吏身份，他们利用其身份之便，通过"招抚"瑶人纳贡的方式，获得明朝对他们控制瑶人权力的认可，从而把持了明朝政府与瑶人之间的沟通渠道。这些非瑶人群体就成为明朝所认可的抚瑶官。如永乐四年（1406）时：

[①] David Faure, "The Yao Wars in the Mid-Ming and Their Impact on Yao Ethnicity", in Pamela Kyle Crossley, Helen F. Siu, and Donald S. Sutton (eds.), *Empire at the Margins: Culture, Ethnicity and Frontier in Early Modern China*, pp. 183–187.

> 高州、肇庆二府属县天黄、大帽、曹连、茶峒、石栗诸山徭首赵弟［第］二、监贵等率众来朝。先是，化州吏冯原奏［泰］、陈志宽言：天黄诸山徭人素未归顺，今有向化心之［之心］，遂遣人赍敕同原泰等往抚谕之。至是，第二等籍其属二千五百余户，凡七千五百余口来朝，赐钞币袭衣。命原泰为泷水县丞，志宽为信宜县主簿，专抚诸徭。①

被授命"专抚诸徭"的泷水县丞冯原泰、信宜县主簿陈志宽等人，其原来的身份是"化州吏"。冯、陈是粤西一带的大姓，二人的背后很可能是拥有雄厚实力的豪强大族。这在岭西是很典型的。嘉靖《德庆州志》就提到该州"士夫重自守而豪侠勇立功，则又他郡所无也"②。冯、陈二人与瑶人之间大概关系是很密切的，不然不可能招抚这么大规模的瑶人归附。《明实录》中还记载了冯原泰此后的事迹。如永乐八年（1410）时，"德庆州新乐山等处徭首骆第二第来朝贡方物"，而这个骆第二（与前文赵第二似乎不是同一人）也是冯原泰所招抚的。③永乐十年（1412），朝廷以冯原泰"善抚诸猺"，升其为德庆州判官。④更有意思的是，《明英宗实录》提到，正统二年（1437）"广东肇庆府泷水县抚猺判官冯原泰遣其男暹"来朝贡马。⑤此时冯原泰的身份，不像一个流官系统内的州判，而俨然以土官自居了。除了冯原泰、陈志宽等，明初史籍记载的岭西一带的抚瑶官还有不少。⑥如董珫，原来是广州府吏，后来因"招抚西家等猺首二百一十五户出传版籍"而被授予广西怀集县典

---

① 《明太宗实录》卷五五，永乐四年六月甲戌条。
② 嘉靖《德庆州志》卷七《风俗》，第51页。
③ 《明太宗实录》卷一〇一，永乐八年二月壬子条。
④ 《明太宗实录》卷一二九，永乐十年六月甲寅条。
⑤ 《明英宗实录》卷三五，正统二年十月甲申条。
⑥ 参见林天蔚《明代广东之"瑶乱"》，《岭南文史》1995年第3期，第52~62页。

史,"专抚猺民,不预县事"。① 阳春、高要二县瑶首朝京进贡时,向朝廷请求接受"先后招抚猺人一百一十九户二百六十二口"的生员廖毅的"抚治",因此朝廷将廖毅任命为"试巡检","仍抚诸猺"。②

正统以后,岭西上报"瑶乱"的情况越来越多。在这种情况下,德庆州以"瑶乱"为由,编户的数字越来越少。嘉靖《德庆州志》记载了该州及所属泷水、封川、开建三县从洪武二十四年(1391)到嘉靖十一年(1532)的户口田赋数字,户口基本都减少了一半,而田地则较洪武二十四年略有增加。③ 不过,田地数字虽然略有增加,但是各处的田赋都略为减少了。④ 此外,从编里数字也可见一斑,据嘉靖《德庆州志》的编撰者知州陆舜臣所作《议地方事略》称:"查得通州原额六十三里分,为三厢,四乡。"⑤ 但到天顺六年(1462),就"以猺故"归并为52里,到了十年之后的成化八年(1472),又进一步减少到44里。⑥ 事实上到了嘉靖年间,赋编残破的情况更甚,陆舜臣将其概括为:"田亩陷入者几二千顷,税粮荒败者过六千石。本州土地失去者中分之半,而里分减耗者三分之一,其所存者仅四十四里而已。……循名责实又仅可三十里而已。以原额计之,不啻减去太半。"⑦

二 明中叶岭西地区"招僮防瑶"模式的推行

当明初使用发给敕谕、榜文抚谕乃至设置抚瑶官的做法逐渐难以奏效时,岭西一带的当地边山居民乃至官府开始仿效广西当时常用的招募

---

① 《明宣宗实录》卷一一三,宣德九年十月甲寅条。
② 《明英宗实录》卷五二,正统四年闰二月乙酉条。
③ 嘉靖《德庆州志》卷一〇《食货》,第73~75页。
④ 嘉靖《德庆州志》卷一〇《食货》,第75~78页。
⑤ 嘉靖《德庆州志》卷一六《夷情外传》,第122页。
⑥ 嘉靖《德庆州志》卷二《事纪》,第9页。
⑦ 嘉靖《德庆州志》卷一六《夷情外传》,第123页。

僮人来耕守的方法，对付瑶人可能的侵扰与进犯。笔者曾撰文对明中叶广西东北部地区的社会结构与族群关系进行了考察，并以此为例说明了，明代文献中的"僮"，在很多情况下，与其说是有身份认同一致的族群，不如说是国家定义出来的一种身份。① 明代关于僮的记载增加以及分布地域范围的扩大，与地方上的招主阶层以招僮的名义来耕种土地的生产方式的扩散有密切关系。所谓的招主（在某些文献中又称为山主、田主），指的是两广地区那些拥有国家赋役体制内身份（如担任里排、胥吏），或者占有相当程度的土地、具备一定财力的里甲户，他们有能力通过"招"的形式，控制一群在国家赋役体系之外的"化外之徒"（这些化外之徒往往被冠以僮或瑶的身份标签）进行佃种。塚田诚之最早注意到了这种主佃关系的独特性，并以此提出了"明清壮族佃农化"理论。② 笔者认为："明代文献中，僮往往是与招募、佃种等说法联系在一起。广西东北部的胥吏、豪侠之家、里排等为代表的'招主'，通过'招'的形式控制一群他们宣称为'僮'的人群，把原来居住在浅山地带的瑶赶到更深入的山区，从而夺取瑶的土地。招主阶层对边山地区土地的控制，就是通过控制僮来实现的。"③ 这一种"招主—僮丁"的社会控制关系，随着明代两广"瑶乱"的频发，也逐渐从桂东北地区逐步向广东岭西地区蔓延。

天顺年间担任两广巡抚都御史的叶盛，注意到在与广西接壤的广东韶州府、肇庆府、高州府等地，往往有很多当地人招募僮人的情况。叶盛指出，这些僮人是"宣德以来，广东官民不为后虑，招引广西獞蛮

---

① 任建敏：《招僮防瑶与以"狼"制僮：明中叶桂东北的社会结构与族群关系》，《中央民族大学学报》2018 年第 5 期，第 137 页。
② （日）塚田诚之：《关于明清时代壮族佃农化之考察——明清时代壮族史研究（二）》，《广西民族研究》1990 年第 2 期，第 78~85 页。
③ 任建敏：《招僮防瑶与以"狼"制僮：明中叶桂东北的社会结构与族群关系》，《中央民族大学学报》2018 年第 5 期，第 136~146 页。

越境佃种空闲田地，自此渐生流贼，勾引出没"①。他认为广东各府的僮人是在宣德以后才由广东官、民招引过来佃种空闲的田地，也许宣德以前也是有的，但是在叶盛看来，宣德以后这一现象才变得十分普遍。要注意的是，叶盛强调招募僮人并不仅仅是广东当地民人的行为，官府也参与其中。天顺二年（1458）叶盛的题奏提到："看得广东接连广西邻界地方，地势险恶，民夷顽犷。如肇庆府开建、封川、四会、新兴等县地方，俱系流贼出没之所，亦有先年招下獞人，纠合本处猺人为贼。因无城堡，节被攻入县治。"② 天顺四年（1460）叶盛再次提到："广东地方贼人所过，又有地方无知民猺招来野獞，乘机趁乱随从，为恶蜂屯蚁聚，动至千万。"③ 又称"连山县治一带见有獞贼，多系广西怀贺等处前去住种，贼徒切近湖广江华、锦田等处，连年出没为患"④。叶盛提到广东的"獞"，都是从广西等地招来耕种田地的，而此时却成为一个治安问题。广东高州、廉州、肇庆及韶州诸府，都与广西接壤，可见广东的"獞"，与广西关系十分密切。这些"獞"是有很多来源的，如廉州府灵山县的僮人来自上思州，而肇庆府、高州府的僮人，大概来自接壤的梧州府的藤县一带。元朝在大德十年（1306）平定了藤州（也就是明朝的藤县）的动乱之后，在当地设置了"獞兵"屯田。《元史》记载："藤州屯，二百八顷一十九亩。"⑤ 但这些"獞兵"到了元末的时候，大部分成为脱离官府控制的"獞"。这些藤州僮在元末即十分活跃，屡次侵扰肇庆府德庆、泷水等地。⑥ 一直到了明初，藤州一带的僮

---

① （明）叶盛：《叶文庄公奏议·两广奏草》卷一二《题为地方事》，《续修四库全书》第475 册，第 468 页。
② （明）叶盛：《叶文庄公奏议·两广奏草》卷八《题为巡抚等事》，第 435 页。
③ （明）叶盛：《叶文庄公奏议·两广奏草》卷九《题为请兵杀贼安民事》，第 445 页。
④ （明）叶盛：《叶文庄公奏议·两广奏草》卷一一《题为强贼越境杀虏人财事》，第 455 页。
⑤ （明）宋濂等撰《元史》卷一〇〇《兵三》，中华书局，1976，第 2579 页。
⑥ 道光《广东通志》卷二一五《德庆路镇遏万户王侯政迹碑》，《续修四库全书》第 673 册，上海古籍出版社，2002，第 535~536 页。

人，在其首领覃福的带领下，在洪武八年（1375）招集864名僮人编入桂林右卫中左所，覃福因此升为千户管领这些僮人。不过等覃福病故之后，因为"逃亡事故、不服清勾者多"，到了成化初年韩雍大征大藤峡的时代，这批僮人中还留在桂林右卫为军的只剩下50余人。① 而广东肇庆府与高州府那些被"招"过来的僮人，与广西僮人，尤其是藤州僮的关联大概也十分紧密。《皇明名臣言行录续编》中提到了胡富在任广东副使时处理肇庆府泷水一带的瑶乱的措施。

> 升广东副使。适四会民猺作乱，府奏请委公督兵剿之。擒五百余人。又泷水猺贼出没不常，其所经路侧有荒田三千余顷。公访猺人所畏者獐人，獐人不为盗，乃于路口设一獐围，移文广西招致獐人住围耕种。自是猺人不敢出，百姓亦倚獐人分种三分之一，而旧路复通。②

胡富认为，瑶人畏惧的是僮人，而且僮人也不会"为盗"，所以可以招募广西的僮人来当地耕作，对付泷水瑶人。胡富在弘治十年（1497）任广东副使③，招募僮人耕种泷水荒田大概也是弘治十年之后不久的事情。弘治六年（1493），朝廷下令"广东高雷廉肇四府，但有招接獐人过江佃种无主荒田者，招主、窝主俱发云南边卫充军。该管官吏里老止是失于觉察，照常发落。若知情受赃，照例充军"④。胡富招募僮人来耕种荒田，距离这一禁令不过数年而已，而此时胡富不仅没有

---

① 参见任建敏《明初广西卫所的建立与"獞兵"的身份转变》，《中国边疆史地研究》2017年第4期，第106～107页。
② （明）徐咸：《皇明名臣言行录续集》卷二《胡富》，《续修四库全书》第520册，第343页。
③ 嘉靖《广东通志》卷一〇《职官》，广东省地方史志办公室，1997，第214页。
④ （明）申时行等：万历《大明会典》卷一三二，《兵部十五·各镇通例》，《续修四库全书》第789册，第340～341页。

禁止，反而主动设置"獞围"，移文广西，大张旗鼓地招募广西的僮人前来耕作。可见朝廷的禁令并没有得到贯彻，广东高、雷、廉、肇等府招募广西僮人来垦种的行为，仍然得到广东地方政府的支持。由此可见，僮人在广东的佃耕范围之所以越来越大，并不只是民间行为，而是得到广东地方官府许可甚至倡导的。其主要目的，一是耕种"荒田"，至于这些"荒田"是真的丢荒，还是因为不在里甲系统控制之下而被指为"荒"，这是很难弄清楚的；二是为了与广东生活的大量世居瑶人争夺生存空间。所以泷水县的僮人是官府主动招来的，他们不是官府要防备的对象，而且官府还依赖这些外来僮人来对付当地的瑶人。康熙《德庆州志》提到，弘治十四年（1501）：

> 泷水知县翟观令獞立寨御猺。（天顺、成化间，民遭盗贼。不遑宁处，知县翟观立东西二营，集义勇、缮甲兵、抚顺剿逆。又于绿山一带召獞之驯者，立寨耕守，猺不敢犯，民得安居。）①

翟观立獞寨，与胡富设"獞围"招"獞人"的时间很接近，可以说是胡富招僮防瑶政策的延续。翟观的主要政策是县的东西两侧设置兵营，又在绿山一带招募僮人立寨耕守。这些被招募僮人的职责十分明确，就是一边耕作一边防守。僮人的进入，无疑使德庆州的族群关系变得更加复杂。陆舜臣就提到，正德十五年（1520），德庆州的瑶人"纠合叛獞劫掠封川，杀掳三千人及指挥张鼐，千户王谦，达官马骥等数百

---

① 康熙《德庆州志》卷一《事纪》，第151页。按：嘉靖《德庆州志》中并无该条记载，该志翟观传中也只是简略提到翟观"立营保障，民安盗息"而已。见嘉靖《德庆州志》卷一四《翟观》，第111页。又：郭棐《粤大记》翟观的传记称，翟观"在泷务为民立永安计，于邑东西立二营，集兵统守，辟荒田九百顷，凿水圳四十八处灌之，立五十九寨于乡村，以防诸獞，招逋逃，赈贫馁，邑无獞寇之患"。见（明）郭棐《粤大记》卷一二《翟观》。从《皇明名臣言行录续编》、康熙《德庆州志》的记载来看，郭棐此说显然把"獞"与"猺"混淆了。

人"①。原本作为防守瑶人的力量而存在的僮人为什么会与瑶人联合起来与官府作对，陆舜臣没有说明原因。但是正德十五年七月初五时任兵部尚书的王琼在一道奏疏中提到：

> 看得提督两广军务右都御史萧翀等各奏称："广西岑溪县、广东德庆州等处猺贼辏合数千余徒在于长行乡等处行劫，烧毁房仓，虏去耕牛，各獞俱被德庆州田主加收租粮，多方剥害激变，辏合猺人为恶。"节经通行广东岭西道、广西苍梧道守巡参将等官查勘抚追一节，切详两广獞人，为因德庆州田主多收租粮，激变为盗，情非得已，似有可悯。但聚众二千余徒，流劫州县，若不早为议处，不无贻患……②

由此可见，陆舜臣虽然对僮人参加作乱的原因没有明说，但连两广都御史这样级别的官员，也明白德庆州的僮人之所以要作乱，是因为被田主加收租粮，被迫无奈，才与瑶人"激变为盗"。瑶人是本地世居民众，僮人是外来佃户，僮人与瑶人在这里的分别，在于僮人需要给田主交租，而瑶人大概是没有这层管束关系的。

到了明代中期，在岭西已经形成了民、瑶、僮三大群体，僮成为处于民与瑶之间的缓冲力量。正如嘉靖《德庆州志》所称：

> 一种獞类，古未有之。后因猺贼劫掳乡村，各田主招集前来，伴民耕种，纳租听调而无差，与猺不相合。道路相遇，必敌杀。近年渐渍猺山，日久多有与猺交通，结党激变，减半田租者矣。③

---

① 嘉靖《德庆州志》卷一六《夷情外传》，第123页。
② （明）王琼：《晋溪本兵敷奏》卷一二《为地方紧急贼情事》，《续修四库全书》第476册，第143页。
③ 嘉靖《德庆州志》卷一六《夷情外传》，第122页。

这可以说是明中叶德庆州修志者对当地僮人情况的总述。他们认为以前德庆州并没有僮人，后来僮人被田主招来防御瑶人的侵扰，所以才在此地定居。这些僮人需要纳租、听调，但是没有差役。后来僮人繁衍越来越多，而且有一些僮人与瑶人勾结在一起，激发变乱，所以僮人交上来的田租也"减半"了。

除了招募僮人之外，陆舜臣还进一步主张应该招募狼兵住种。他认为，要解决德庆州的"瑶乱"问题，"为今之计征之为上，调土兵住种次之，招者不得已而为之也"。但他认为"征之不难，征之而能守为难"。实际上，他主张的是"调土兵住种"的方案。不过这一方案面临很大的阻力，他提到：

> 然而土兵住种之说，百姓往往不利，或倡为狼毒于猺之说，或倡为尾大不掉之说，或倡为引夷狄入中国之说，何也？其故有二：一则百姓痴愚，惟望大征，尽复田土而不肯分田于狼；一则间有一二大户，田本不荒，先年一概作荒停征，或包占小民田土在户，惟恐今日太平清查分给，则不惟不能益田而反丧其田。不能减税而反增其税也。殊不知大征既未可举，则田土终不可复。与其岁赈粮差，日就穷窘，孰若且复一半，免其赈纳之苦乎？大户之得利者不过一二，小民之受害者十常八九，但知一己之利而不顾千百人之害，其忍心害理何至于此乎？设使土兵果可虑，则广西调土兵住种在在有之，何至今竟不见有作乱者乎？若曰狼为夷狄入中国，则猺独非夷狄乎？狼犹有君臣听约束，比之猺不犹愈乎？若曰尾大不掉，则广东诸郡尽为流官，而一土兵杂其中，犬牙相制之势明矣，何能为乎？虽然，土兵住种蚕食之说是矣，然而兽穷则抟，鸟穷则攫，猺既穷促，料其必死，使其合势并力劫掠我孤独乡村，攻打我邻近城池，则又生一患矣。又须招抚一半，示以可生之路，使之无合党之谋，多立营堡，伏藏要路，以断其出入之径。聚集兵粮，严固城池以防

其冲突之患。然后意外之虞不生，而跳梁之计不得以逞也。①

陆舜臣提议招募广西土司所属之狼兵前往当地耕守。狼兵与僮人是不是同一族群，在当时人来看并不是关心的问题，但是他们很显然明白二者最大的分别在于狼兵是"有君臣听约束"的，而僮人没有其自身的社会组织，只是听命于招主。陆舜臣提到当地反对招募狼兵的原因很多，诸如当地居民害怕招募狼兵之后、尾大不掉、引狼入室等说法，其实都只是一些观念之争而已。真正核心的还是土地与赋役问题。从上文来看，最大的阻力其实主要来自"大户"，这些大户其实指的就是那些拥有强大实力的招主，他们之所以愿意自发招募僮人佃种，而不希望官府招募狼兵耕守，陆舜臣把原因分析得很透彻，他说是因为这些大户的"田本不荒，先年一概作荒停征，或包占小民田土在户，惟恐今日太平清查分给，则不惟不能益田而反丧其田，不能减税而反增其税也"。② 这些大户招募僮人来佃种，这些僮人耕作的田土，正如陆舜臣所言，本来并不是荒田，但往往是以"作荒停征"来处理的。但是如果招募狼兵来耕种之后，这些田土很可能就要由官府（以狼兵为后盾）进行清查，到时候大户就得把这部分隐匿的田土升科纳赋，自然不是他们所乐意看到的。

三　罗旁善后的招佃问题

万历初年，岭西兵巡道佥事李材根据两广总督都御史殷正茂的指示，撰成《大征罗旁盘踞猺巢以靖地方议》，详细说明其大征方案。③ 在该方案开篇中，李材提到当时督府的主张。

---

① 嘉靖《德庆州志》卷一六《夷情外传》，第125页。
② 嘉靖《德庆州志》卷一六《夷情外传》，第125页。
③ 李材出任岭西兵巡道佥事的前后因由，以及该议提交之后的反响，参见刘勇《李材与万历四年（1576）大征罗旁之役》，第64~71页。

> 其东山六都、南乡二处，并西山下城、古蓬……二山荒弃田土的有若干，各主有无见在，相应作何召耕。本处有无力量豪侠之家，堪以召獞耕守，酌量准与土官名衔，俾为世业。或必欲调来各州土官，查取以次官男，畀以土巡检名衔，令其领兵若干，携家前来，足为住守。①

督府在该议所提到的这一个问题，其实就已经很明确说明，能够"召獞耕守"的，应该是本地的那些"力量豪侠之家"，不是普通老百姓所能承担的。至于招募狼兵耕守的问题，殷正茂的意见没有像陆舜臣那般主张坚决。他认为如果本地的"力量豪侠之家"能够承担起"召獞耕守"职责的话，那狼兵也可以不必留下；如果真要调遣狼兵，就应该要土官之家的次男（次男无土官继承权）带领狼兵前来，给土官次男授予土巡检之名，这样才能对这些狼兵有所控驭。随后还提到分守道的建议，如果"土官弟男愿留者，比照左江九司事例，授以世袭巡检，责以城守，属肇庆府管辖，即许狼人耕种其地，听其自给，数年升科，免其差役"。他还提到，这是"一劳永逸，完事之利也"。② 以上主张可大体了解督府与分守道的招募狼兵政策，这些土巡检所统辖的狼兵耕种的土地，耕种数年之后仍然是要升科的，也就是要交纳田赋（当然科则应该比一般民田低），但另一方面仍会免除他们的差役（耕守就相当于狼兵的差役了）。不过，李材认为招募土官狼兵的这一政策并不可行。

> 今之议者有欲就调到土官查取官男统领兵目，携带妻小耕守者矣，盖以其山川促侠［狭］，原不可为声名文物治也，此其见亦未尽然也。且节经招取，未闻有大府大州之官男肯来应募者矣。……

---

① （明）李材：《兵政纪略》卷一九《大征罗旁盘踞猺巢以靖地方议》，台湾学生书局，1987，第789~790页。
② （明）李材：《兵政纪略》卷一九《大征罗旁盘踞猺巢以靖地方议》，第806页。

> 就令尽如所云招复流民，无城可据，窃发之衅，亦断不能无矣。至云欲就本土之豪，比照土官之例，资与行粮，招兵占种，则又皆率易之谈，似难与酬吁远之算。……故大定之后计卒归于建县屯种，不可以孤立也。①

李材认为，督府虽然已经发出了"招取"的布告，但是至今都没有"大府大州"的官男愿意应募，而且就算是招募流民，如果没有城池可以据守，也是不切实际的。还有人提出招募"本土之豪"，给予他们土官的待遇，让他们招兵占种，这实际上就是当地一贯使用的由招主招募僮人耕守的方案，李材认为这只是"率易之谈"，不能作为长远打算。他认为关键的善后措施，在于"建县屯种"。不过李材在坚持要立县的同时，仍然认为招佃之策可以作为辅助措施，他提出的招佃方案如下。

> 至于招徕佃种，先尽本处失业，续召九江、英德、阳山以及江右之赣民与广西之狼獞，随到安插，每三屯委一文职、一武职廉干者抚绥经理之。初为茅舍以栖身，继立排栅以自固，后筑土围，复用砖包。山场田亩，俱听官府度地计口均给，毋容争竞。……风气既开，人文亦当渐著，然后量地肥硗，轻为科税，分图立甲，薄起徭差。②

李材认为，招揽的佃农，以"本处失业"为主，如果不够，再从广东广州府的九江、英德、阳山等地，以及江西赣州、广西等处招募。而且他认为最终的目标就是等到"风气既开"之后，要在当地"分图立甲"，编入里甲系统，实现官府的直接控制，而不再仰赖抚瑶官、招主、土巡检等中间阶层。不过，李材并未能把其方案付诸实现，据刘勇

---

① （明）李材：《兵政纪略》卷一九《大征罗旁盘踞猺巢以靖地方议》，第842~844页。
② （明）李材：《兵政纪略》卷一九《大征罗旁盘踞猺巢以靖地方议》，第848~849页。

的考证，李材提交大征计划最晚在万历二年（1574）初，而因为与两广总督殷正茂在"开建营房""规创书院"等方面的矛盾，在万历三年（1575）初称病乞休。①

万历三年（1575）六月，工部右侍郎凌云翼接替殷正茂出任两广总督。② 殷正茂在两广任上征古田、平海寇，战功显赫。殷正茂此前只是担任区区的江西按察使，一直到了隆庆三年（1569），才在当时以高拱、张居正为首的内阁的主持下出任广西巡抚，贯彻内阁对南部边疆的治理策略。③ 在平定古田后不久，殷正茂升任两广总督，开始留心岭西"瑶乱"，一直做对罗旁用兵的准备，但由于殷正茂很快就升任户部尚书了，所以这一想法最终未能实现。而凌云翼刚刚接替殷正茂的职位，就把大征罗旁提上了日程。万历四年（1576）二月，凌云翼上奏，称："岭西，徭浪渊薮，地方旷远，非一参将所能备御。又土兵每遇倭警，冲锋陷敌，不若浙江。其以高肇韶广参将分为二，一专守高州，一专守肇庆韶广，而另选游击专练兵。"这一奏疏上奏之后，朝廷下诏，任命在广东战功显著的陈璘为高州参将，由此拉开大征罗旁的序幕。④ 万历四年十一月，筹划已久的大征罗旁之役终于发动，并且在万历五年（1577）四月就基本达至大征的目标。⑤ 就在罗旁大征圆满结束的次月，凌云翼向朝廷上奏罗旁善后事宜。

> 一建设州县。东山黄姜峒、西山大峒，原系贼巢。今虽荡平，难保必无遗孽，遽欲建官设县，恐贻后艰。请先升泷水县为州，其二峒各筑营城，选委将领，屯兵驻扎。伺有贼出，许其便宜抚剿。

---

① 刘勇：《李材与万历四年（1576）大征罗旁之役》，第70~71页。
② 《明神宗实录》卷三九，万历三年六月戊子条。
③ 参见《高文襄公集》卷六《答两广殷总督》、《张太岳先生文集》卷二三《答两广殷石汀论平古田事》。
④ 《明神宗实录》卷四七，万历四年二月癸酉条。
⑤ 刘勇：《李材与万历四年（1576）大征罗旁之役》，第77~78页。

果无他虞,题请建县。目下各峒地方,通属新州管辖,其南乡、富霖、封门、函口设千户所四,调官军防守。一专设宪臣……一更置将领……一议处戍兵……一充实官军,就近省卫抽拨,不足以问遣新军充之。若土民狼獞愿受田隶所者,即以补伍。一调用官员。一开辟道路……一经费钱粮。一程课殿最。①

仔细审视凌云翼的罗旁善后之策,最核心的无疑是第一条:建设州县。这是与明初的"抚瑶"以及明中叶的"招獞"的政策都十分不一样的地方。可以说是延续了隆庆五年(1571)大征古田之后升古田县为州,控驭"獞乱"源头的策略。牛建强的研究把古田之役与罗旁大征放在一起进行比较,从而得出"两者在具体行动和善后措施上具有某种借鉴性和关联性"的结论,②是很中肯的。不过还需要注意的是,古田与罗旁的善后政策,虽然都可以用"建设州县"来归纳,但两者又有区别。古田善后的核心是设州,而非建县。原来的古田县升为永宁州,直属桂林府,并以永宁州管辖原来直属桂林府的义宁县、永福县,用以加强永宁州对周边"獞区"的控驭之权。③而且和罗旁不一样的地方是,永宁州之下还设了三个由广西庆远府的南丹、东兰、那地三土州的土官子弟控制的常安、桐木、富禄三镇土巡检司,世守其地。④每镇各用土兵二千名耕守,每名给田五亩。⑤至于位于岭西地区的罗旁,其善后的核心是建县而非设州。在位于罗旁中心的泷水县升为罗定州之后,其东边位于东山的黄姜峒、西边位于西山的大峒,距离罗定州治比较遥远,原来都是"贼巢",如今虽然已经荡平,但难保不会有余孽生

---

① 《明神宗实录》卷六二,万历五年五月丙申条。
② 牛建强:《土流博弈与内疆展拓:以隆万间古田之役和罗旁之征为中心》,第34页。
③ 《明穆宗实录》卷五五,隆庆五年三月丙戌条。
④ 《郭襄靖公遗集》卷一七《征复古田》,《续修四库全书》第1349册,第371页。
⑤ 《郭襄靖公遗集》卷一三《古田善后立镇议》,第311页。

事。由于广东与广西不同，只有管辖范围非常有限的黎官或抚瑶官，并没有广西地区跨县连州的大土司，所以凌云翼延续了李材的建议，并未仿照古田善后之策那样安排广西土官率领子弟前来驻守，而是主张在东山、西山两处直接建县。不过，凌云翼考虑到如果马上在当地建官设县，恐怕有后患。所以请求先将泷水县升为州，东山、西山二峒则先以军队进驻，各筑营城、选委将领、屯兵驻扎。如果真的可行，再请建县。另外还在罗旁地区关键要道设置四个守御千户所，调官军防守。至于官军的来源，首先考虑从就近的省卫抽拨，如果不足再招募新军。如果当地土民、"狼兵"、僮人愿意接受田土，留守耕种的，划归卫所管辖，补充军伍。对此，朝廷的态度更为激进，很快下旨：第一条设县之议，如果时机成熟，可以马上实行，不必拘泥于时日，其他都准照所奏施行。[①]

得到了朝廷的批准之后，凌云翼着手罗旁的善后事宜。建设州县最为关键，首先将泷水县升为罗定州，又新设置四个千户用以充实这一地区的防卫力量。[②] 至于在东山、西山两处设县的问题，由于朝廷有旨，不须拘泥时日，所以很快就在万历五年（1577）十一月，根据两广总督凌云翼提议命名罗旁的两个新县，其中东山南乡命名为东安县，西山大峒命名为西宁县，都属罗定新州管辖。[③] 至于凌云翼奏疏中所提到的"充实官军"之议，其中一个措施是如果当地土民、"狼兵"、僮人愿意接受田土，留守耕种的，划归卫所管辖，补充军伍。又查《苍梧总督军门志》所保存凌云翼的善后奏议，其中并没有具体的招募佃种的文字，只是在开篇提到：

> 今查访各山田地，所在膏腴；竹木池塘，宛然乐土。即今四方

---

① 《明神宗实录》卷六二，万历五年五月丙申条。
② （明）瞿九思：《万历武功录》卷三《罗旁猺狼列传》，《续修四库全书》第436册，第247页。
③ 《明神宗实录》卷六九，万历五年十一月戊寅条。

之民，告给田耕种者，纷纷日至，通候事定，委官丈量明白，计亩授民，许以三年之后，方议升科。自将闻风接踵，愿受一廛，将来不患其无民也。①

从凌云翼提到的"四方之民"来看，大体他是接受了李材的招佃主张的。根据刘勇的分析，凌云翼的善后方案与李材早前提出的方案，在设县、置将、筹措经费、丈田招募等方面并无二致，关键分歧在戍兵上，李材主张调"狼兵"，而凌云翼则认为应该裁减江道的营堡兵转任。② 此外，虽然泷水升州之后，并未像古田升州一样设置土巡检司在当地耕守，但是凌云翼通过"充实官军"的形式，把当地愿意认受田地的"土民狼獞"纳入卫所之内，形成新设罗定一州二县中王朝可以直接控制的力量。这一形式，尤其以名将陈璘最具代表性。万历十二年（1584）陈璘所作《罗旁善后功迹碑记》对此有很细致的描述。

> 地方既平，督抚大臣爰上善后之策。当宁以为然，于是分东西为两山，二山各以参将一员守之。山以东置东安县，山以西置西宁县，以泷水县适中，升为罗定州治，隶以二邑而控之。……善后建邑之初，听民迁徙，筑城助工，授田与世业。璘于时即以高州改补东山，加副将衔，大司马凌公面谕璘曰："东山，尔辖地也。东山草创，民未安辑，尔既有成劳，且捐资募兵以充戍守，若能授田立家，新附之民永有固志矣。"璘于是毅然承乏，披荆剪棘。……璘不佞大征，后筑室分田，以世兹土。了九经复悉以军功沭，新命备

---

① 《苍梧总督军门志》卷二六，（明）凌云翼《奉命大征功已垂成并预计善后之图以保久安疏》，全国图书馆文献缩微复制中心，1991，第318页。
② 刘勇：《李材与万历四年（1576）大征罗旁之役》，第82~83页。

员南乡，守御之。①

由陈璘的叙述可知，罗旁善后建州县之初，官府的政策是任居民迁徙，命居民筑城助工，授予他们田产作为世业。而陈璘则即时以高州参将改补东山参将加副将衔。凌云翼曾当面告知陈璘，东山作为他的辖地，正处于草创阶段，居民尚未安辑。陈璘在此次大征中立下功绩，而且自捐资产，招募士兵在东山戍守，对巩固当地的秩序发挥了很大作用。因此，凌云翼要求陈璘能"授田立家"，不仅把当地的田土分给来开垦的居民，而且要求陈璘本人的家族也在东山安家，如此则新附之民将永有固志。陈璘及其部下的军士最终也是承担起了这一重任，在东山地区筑室分田，披荆斩棘，开辟疆土，世代守卫当地。而且陈璘的儿子陈九经也因为陈璘军功的缘故，在南乡守御所袭职。最终陈九经落籍于东山的南乡守御千户所，成为今日广东云浮（即原东安县）陈璘后裔的始迁祖。②

结　语

明代广东岭西地区对瑶政策的演变，反映了明王朝在两广地区统治理念的变化。明初向瑶人颁发榜文、设置抚瑶官，承认抚瑶官的土官地位，其意重点是羁縻地方，保持稳定。明代中叶由官府和当地豪侠之家开始招募广西的僮人到当地耕守，是要用"以夷制夷"的思路，通过招主控制僮人，通过僮人防备瑶人，间接维持地方秩序的稳定。明后期大征罗旁之议提出之后，李材提出的"建县屯种"作为核心的善后之策获得采纳，明王朝将罗旁一带纳入版图，建立了国家对当地的直接统治。这一政策的变迁，与明王朝的国家政策变化以及地方上各种力量的兴衰有密切关系。

---

① 民国《罗定志》卷八，陈璘《罗旁善后功迹碑记》，《广东历代方志集成·肇庆府部》第45册，第793页。
② 龙田城陈氏族谱编撰理事会：《广东省翁源县龙田城陈氏族谱》，2016，第25页。

清代广东发帑收盐的地方运作与盐场宗族[*]

——以东莞《凤冈陈氏族谱》为中心

李晓龙[**]

摘　要：发帑收盐是清代管理盐场盐业生产的重要形式之一。它是在明中后期以来盐场课盐分离的情况下，清代形成的一种官府控制食盐产销的方式。在广东具体的基层运作中，宗族不仅承担着盐场主要的场课，而且维系着确保盐场发帑收盐通畅推行的栅甲制的运作。广东发帑收盐并未触发盐场基层运作的改革，而是盐场宗族替代场商成为官府在盐场的代理人。其运作原理与场商养灶异曲同工，均是通过盐场代理人实现盐场生产管理。但与此同时，宗族在地方盐业市场的争夺中起着重要的作用，由此影响着发帑收盐的地方运作。发帑收盐同时成为地方权力结构重塑的重要工具。

关键词：盐政　盐场制度　场商养灶　发帑收盐　盐场宗族

---

[*] 本文为国家社科基金青年项目"明清华南沿海盐场社会变迁研究"（批准号14CZS038）阶段性成果，为笔者"清代广东盐场发帑收盐研究"系列论文之三。另外两篇分别为《盐政运作与户籍制度的演变——以清代广东盐场灶户为中心》（《广东社会科学》2013年第2期）、《从生产场所到基层单位：清代广东盐场基层管理探析》（《盐业史研究》2016年第1期）。

[**] 李晓龙，中山大学历史学系（珠海）副教授。

明清之际，王朝赋役制度发生了重要的转变。① 盐政制度的变化，尤其是官专卖向商专卖的转变，也已为学界所熟知。② 但明清制度转变之后的盐业制度如何展开，诸如盐斤入垣、发帑收盐以及场商制度的运作等，虽然有一些学者已经注意到它们于清代盐政的重要性③，但总体而言尚未得到足够的重视。④ 笔者认为清代盐业制度的主要变化不仅仅在于政策制度的改变，更在于地方人群活动和组织方式的变动。

传统盐业管理包括了生产和运销两个部分，其中生产是运销的前提保障。在明代，盐业生产主要由朝廷设置的盐场进行管理，并组织灶户来完成。但这一管理方式在明中后期发生了巨大的转变。⑤ 灶户不再是盐业生产的户籍人群，而食盐更不主要由灶户提供。纳课者不产盐、产盐者不纳课成为可能。清代由此发展出场商养灶和发帑收盐这两种管理盐业生产的主要形式。广东是发帑收盐最早实践和推行时间较长的地区之一。发帑收盐是指由官府发放帑本，委员在盐场尽数收购出产的食盐，然后再由官府负责运送给销售商进行行销。广东发帑收盐长期以来被学界视为官府在盐场缺乏商业资本的情况下的制度变通，但实际上它更长远的影响在于承认了清代广东盐场的组织模式。笔者曾撰文讨论发

---

① 刘志伟：《从"纳粮当差"到"完纳钱粮"——明清王朝国家转型之一大关键》，《史学月刊》2014年第7期。
② 参见徐泓《清代两淮盐场的研究》，嘉新文化基金会，1972；陈锋《清代盐政与盐税》，中州古籍出版社，1988；杨久谊《清代盐专卖制之特点：一个制度面的剖析》，《中研院近代史研究所集刊》2005年第47期等。
③ 何炳棣：《扬州盐商：十八世纪中国商业资本的研究》，巫仁恕译，《中国社会经济史研究》1999年第2期；李三谋：《清代灶户、场商及其相互关系》，《盐业史研究》2000年第2期。
④ 目前最新的讨论可参见李晓龙《"节源开流"与清代盐场管理的制度流变》，"制度·生态与经济发展"国际学术研讨会暨中国经济史学会2016年会会议论文集，北京，2016年8月；黄凯凯《"疏引裕课"：清前中期的盐课征收与官盐营销》第四章，博士学位论文，中山大学历史学系，2018等。
⑤ 徐泓：《明代后期盐业生产组织与生产形态的变迁》，《沈刚伯先生八秩荣庆论文集》，联经出版事业公司，1976；李晓龙：《明代中后期广东盐场的地方治理与赋役制度变迁》，《史学月刊》2018年第2期。

帑收盐前后广东盐场灶户户籍变动的情况和由此引发的盐场基层管理从属人模式向属地模式的转变，盐业生产场所成为盐场管理的基层单位。① 本文则希望在此基础上，进一步发掘在发帑收盐的基层落实中盐场地方社会运作的状况。

对于清代盐场的基层运作状况，不仅典章、盐法志、方志等记载语焉不详，今人的研究也常常因为清前期文献的阙如而浅尝辄止。幸运的是，广东东莞县靖康盐场《凤冈陈氏族谱》这一文献中，提供了我们了解以往典章制度中较少涉及的盐场赋役运作状况的重要记载。现存的《凤冈陈氏族谱》虽是同治八年（1869）的刻本，但其底本主要依据乾隆十九年（1754）编修本的内容而有所增益，由此保留了大量广东发帑收盐时期盐场的相关信息。靖康盐场位于珠江三角洲东部沿海地区，属广州府东莞县，自宋代以来，一直是广东盐产量最多的盐场之一。凤冈陈氏据称宋代已经定居于盐场之大宁乡，到六世祖学宾公时迁居北栅乡，居住至今，并逐渐发展成为靖康场内最为重要、影响力最大的家族。因此本文结合制度史，并通过解读《凤冈陈氏族谱》的相关文献记载，以厘清清代广东发帑收盐时期，盐场宗族和发帑收盐的基层运作之间的复杂联系，在此前关于盐场户籍和管理模式的探讨基础上，进一步深化对清代盐场社会的了解。

一 课盐分离与清代盐场宗族的赋役完纳

发帑收盐的实施基础是盐场的课盐分离。课盐分离是明清之际盐场制度最重要的变化之一。李三谋指出，由于明中后期盐场盐田等的兼并、私有化现象严重，官府不得不将本色灶课（盐）改为折色征银，

---

① 李晓龙：《从生产场所到基层单位：清代广东盐场基层管理探析》，《盐业史研究》2016年第1期，第3~18页。

将盐与课分离。清代普遍实行盐田纳银税制，食盐和灶课的分离更为彻底，盐与课完全成为两个范畴。为了加强食盐的专卖管理，在整个盐业经济活动中，清代国家力图把食盐的流通限制在官商（包括引商和场商）活动的渠道之内。① 盐场的课盐分离不仅影响了盐场的社会结构，也造就了一套新的盐场管理方式。

广东盐场的课盐分离在明中叶就已经发生。② 据称，明代隆庆年间广东盐场"丁缺，按丁加派犹不足额，将各灶丁名下所有在县编征银米之田地山塘各税亩，派征抵补"③。盐场民户有"愿归灶籍"者编归灶户，以民田"照盐田例，每三人为一丁，纳丁盐银"，"自此苗田遂与盐田比例纳盐饷丁饷于场，无所分别矣"。④ 这意味着盐场民、灶之间的户籍界限被打乱。明代设立灶籍的初衷是希望通过对人丁的人身控制掌控盐业的生产动态。但自明初以后，盐场"丁"的性质逐渐发生改变，不再是具体的人。加之清代广东盐场受近海海洋环境变迁的影响，常常将盐田改为稻田，或新开垦荒田为盐田，盐户的田不再一定是盐田，而民户也可以获得盐田的经营权。盐场产盐的人群结构发生变动，存在某些灶户只纳丁课而不再从事食盐生产的情况⑤，出现"民户煎盐，民户承贩，灶户止办纳丁课"⑥ 的局面。

广东的某些盐场还出现了以田税抵补丁课的做法。乾隆四十七年（1782），海晏场灶户罗成章等垦筑灶税三十三顷八十亩六分，"将缺征未复银一十三两七钱二分零全数征复外，尚余税一十顷七十七亩二分

---

① 李三谋：《清代灶户、场商及其相互关系》；并参见何炳棣《扬州盐商：十八世纪中国商业资本的研究》。
② 李晓龙：《明代中后期广东盐场的地方治理与赋役制度变迁》。
③ 鄂弥达：《题为粤东各场灶蹋租豁赋户丁万年春等请代题恭谢天恩事》（乾隆二年二月初九日），中国第一历史档案馆藏内阁户科题本，档案号：02-01-04-12950-004。
④ 陈锡：《复邑侯沈公书》，《凤冈陈氏族谱》卷一一，清同治八年刻本，第55页。
⑤ 李晓龙：《盐政运作与户籍制度的演变——以清代广东盐场灶户为中心》。
⑥ 乾隆《香山县志》卷三，《广东历代方志集成·广州府部35》，岭南美术出版社，2007，第77下页。

零"。因该场还有迁逃灶丁八百四丁，缺征银六百五十五两五钱五分三厘，新宁县知县钟光哲、海矬场大使漆浥美于是题请"将前项余税移抵丁课，照海晏场丁课则例，每丁征复课银八钱一分五厘零，计抵缺丁八丁三分"①。这种做法此后逐渐被援为成例，在丁课缺征严重的盐场展开。未进行田税抵补丁课的盐场，又或将丁课归县征收。如乾隆二十一年（1756）鉴于香山、归靖等场收盐无多，"委员尽堪经理，无容专设场员"，总督杨应琚请求将"香山场原额丁课仍归香山县征解，归德场原额丁课仍归新安县暨东莞场大使征收，靖康场丁课归东莞县征解"②。其他如双恩场则"原额丁课仍归阳江县征解"③、墩白、电茂、博茂、大洲、小靖等场"改为程船配盐时代缴"，并"仍于埠户应对得盐价内照数扣还，名为程船代缴丁课"④。盐场的场课承纳者与盐田的作业者发生了分离。

东莞靖康盐场《凤冈陈氏族谱》中就指明了这种课盐分离后的盐场赋役状况。结合族谱整体的内容记载，卷二《尝产》所反映的应该是乾隆三年（1738）至乾隆十九年（1754）间宗族的情况。该卷登载了凤冈陈氏历代各祖尝产税亩的明细、分寄各户情形等，给我们提供了了解当时盐场宗族运作和赋役承纳的重要史料。据该族谱"七世祖琴乐公尝产"开列。

县粮：七都十三图九甲户长陈嗣昌。

税四项六十九亩五分二厘三毫，沙坦税不入内；民米五斗四升三合五勺六抄六撮；灶米一十石零四斗六升旗合九勺；征银八两零

---

① 《清盐法志》卷二三三，民国九年盐务署铅印本，第2a页。
② 乾隆《广州府志》卷一五，《广东历代方志集成·广州府部5》，岭南美术出版社，2007，第336页。
③ 民国《阳江志》卷一四，华夏出版社，1999，第30b页。
④ 邹琳编《粤鹾纪要》，《近代中国史料丛刊》第890册，文海出版社，1973，第五编，第46页。

七分；色米五石七斗九升九合七勺；盐（饷）八分。

计开的名：

琴祖，供银四两九钱五分九厘，内扣灶丁一丁，银一钱三分六厘，盐（饷）一分；色米三石五斗九合，盐（饷）一分；

南祖，供银二两领四分三厘，色米一石五斗七升八合；

拙祖，供银一两零四分，色米六斗七升，盐（饷）七分；

美忠，（由）渭贤支理，供银二分八厘，色米二升一合。

场课：龙眼栅十甲陈嗣昌的名琴乐，丁盐一十九丁，征银九两四钱零五厘八毫。①

上引材料表明，县粮登记在州县的图甲户名下，包括了民米、灶米、色米。民米即对盐户耕作民田所课田税，灶米即对盐户灶田所课田税。色米是对苗田所课田税，据北栅人陈锡称："其高垄可耕种者为苗田，则供正供色米，当差于县。"②盐饷银是雍正年间东莞县"盐入粮丁"之后对民粮派征的饷银。③场课即盐场灶户计丁办课所缴纳的盐课，又称为丁盐、正丁盐课，登记在盐场的栅甲户名下。这种情况被称为一身两役——"在县照民籍轮充值年，有田始有役；场役则按丁按粮，无田亦须干办"④。

表1整理的是《凤冈陈氏族谱》中涉及的家族户籍登记信息。编于州县和编于盐场的"户"使用的是同一个"户名"。该表也说明了虽然同一个户名既编盐场又编州县，但在图甲中户的编次并不一定与盐场栅甲完全对应。州县的甲户长与盐场的甲户长往往也不会由同一户担

---

① 《凤冈陈氏族谱》卷二，第32b~34b页。
② 陈锡：《复邑侯沈公书》，《凤冈陈氏族谱》卷一一，第54页。
③ 参见李晓龙《康乾时期东莞县"盐入粮丁"与州县盐政的运作》，《清史研究》2015年第3期，第74~85页。
④ 陈之遇：《邑志靖康场加增议》，《凤冈陈氏族谱》卷一一，第47b页。

任,如七都十三图九甲户长陈嗣昌担任的是龙眼栅十甲户长,又七都十三图十甲户长陈祚昌同时担任龙眼栅九甲户长,七都十三图六甲户长陈科只是龙眼栅十甲中的一户。

表1　凤冈陈氏的县、场户籍登记对照情况

县粮	户名(七都十三图)	场课	户名(龙眼栅)
一甲	陈白云户、陈董声户、陈士驹户、陈浩襄户(户长)、陈祚昌户	一甲	陈祚昌户
二甲	陈僙明户	二甲	陈僙明户
三甲	陈秋宴户	三甲	
四甲		四甲	
五甲		五甲	
六甲	陈科户(户长)、陈实卿户、陈尧户	六甲	陈成户、陈尧户、陈壮立户
七甲		七甲	
八甲	陈成户、陈豪若户、陈壮立户、的名学宾	八甲	陈实卿户、的名学宾
九甲	陈超凡户、陈嗣昌户(户长)	九甲	陈祚昌户(户长)
十甲	陈荆玉户、陈茂申户、陈梅赏户、陈全锡户、陈仲震户、陈祚昌户(户长)*	十甲	陈白云户、陈超凡户、陈董声户、陈豪若户、陈荆玉户、陈科户、陈茂申户、陈梅赏户、陈秋宴户、陈全锡户、陈士驹户、陈嗣昌户(户长)、陈仲震户、陈祚昌户

＊前引文献中陈祚昌户编入县一甲场一甲,而此处则为县十甲场十甲。是否笔误所造成的,不得而知。

资料来源:《凤冈陈氏族谱》卷二。

"一身两役"使得凤冈陈氏家族祭产的赋税缴纳被分成两部分:县粮和场课。清初的广东,名义上灶户仍然是盐场盐课的承担者,其赋役包括对灶户所有田土征收的灶税、对灶户盐田办盐征收的税盐(即田课),以及对灶丁征收的丁盐(即丁课)三部分。根据吴震方的《岭南杂记》记载,靖康场灶户"灶税"征收的对象不仅包括所居房屋、种禾之田、种树之山,还包括耙煎盐斤的盐田。除灶税之外,盐田还要与苗田一起输纳杂项、公务、丁差等。盐田按亩办盐，"每亩办盐二斤八两"，灶户则要计丁办引，"计三人共纳一引，课银四钱六分五厘"，并需轮当场役。①

尽管凤冈陈氏在州县图甲和盐场栅甲的登记上有一身两役的情况，但实际上，盐场场课却并非所有登记在栅甲中的户均需要承担。在凤冈陈氏的族产登载中，与民户"户"内承纳县粮，会从房的祭产分出一部分用于承担户下的赋役不同，盐场场课却不是每个"户"（房）都需要承担，即县粮一般会分寄到该族派下的各房支承担，场课则不同，仅由宗族中的某些房支包纳。凤冈陈氏的场课主要集中在陈祚昌户和陈嗣昌户这两户。

除了上引的"七世祖琴乐公尝产"，另据族谱"七世祖兰轩公尝产、八世祖仰兰公尝产"记载如下。

兰、仰二祖县米寄各户列后：
一寄七都十三图十甲户长陈祚昌，灶米二石八斗，新收土名花栽田下税四亩在内；
一寄七都十三图一甲户长陈浩襄，灶米一石四斗。
兰、仰二祖场盐寄各户列后：
一寄龙眼栅九甲户长陈祚昌长房，该税盐二钱零五厘；
一寄龙眼栅九甲户长陈祚昌二房，该税盐二钱零五厘；
一寄龙眼栅九甲户长陈祚昌三房，该税盐二钱零五厘。②

陈祚昌户是兰轩公派下三房共同使用的户名。兰轩公即陈璋，陈璋本生四子，其中有一子仰兰公陈纹无后，故只分成三房，亦即药圃公

---

① 吴震方：《岭南杂记》卷上，《丛书集成初编》第1257册（上），商务印书馆，1936，第28~29页。
② 《凤冈陈氏族谱》卷二，第39页。

房、贞轩公房、乐潮公房。场盐银的办纳，便是分由这三房承担。原本编排到户是州县和盐场官员为了保证场课征收而推行的制度，而实际运作中，盐场各"户"自有一套应对的策略。前引"七世祖琴乐公尝产"开列，陈嗣昌户内赋税的承担，分成琴祖、南祖、拙祖、美忠四份。陈嗣昌即琴乐公房的户名。琴乐公即陈珪，生有四子，唯陈绍无后，故分三房。南祖即南园陈缙，拙祖即拙庵陈绚，而由渭贤支理的美忠，疑为南池陈繻的后人。该材料提到的"的名"应该是清代赋役分寄承纳制度的新产物。据嘉庆《新安县志》称："查新邑钱粮，向系按户征收。户内株累，疲敝难堪。迨康熙四十六年（1707），县令金（启贞）设法编立各人的名，俾户内兄弟叔侄，无相混累，至今民称尽善焉。"① 金启贞"编定甲户，分立的名"的做法②，更表明"户"已经不再代表某一家庭，而是家族或者家族的某个分支，这是为了应对"户"内赋役分担不清的情况而采取的一种办法。有意思的是，陈嗣昌户下有四个"的名"，不仅每房都设有"的名"，作为"户主"的琴乐也同样设立"的名"，而且承担额明显较三个房支更多。不过，与县粮分由四个"的名"分摊不同，陈嗣昌户的场课则独由"的名琴乐"承纳。

除了以上陈嗣昌、陈祚昌两户外，还有一户是陈科，其县粮及场课情形如下。

县粮：七都十三图六甲户长陈科。

民米三斗三升。灶米二石零二升，征银一两五钱六分，内扣灶丁一丁，银一钱三分六厘。色米一石二斗三升九合。盐（饷）三分。

---

① 嘉庆《新安县志》卷八，《广东历代方志集成·广州府部26》，第318左上页。
② 嘉庆《新安县志》卷一四，《广东历代方志集成·广州府部26》，第365左下～366右上页。

场课：盐银七分。①

陈科户除了民米、灶米、色米外，还承担了场课盐银七分。该户是六世祖养浩公房的户名，被编在县六甲场十甲。养浩公即琴乐公和兰轩公的父亲。换句话说，凤冈陈氏中承纳场课的户，主要是养浩公及其两个儿子这一房支。关于这几房的关系，在《凤冈陈氏族谱》"七世祖琴、兰二公祠"中有这样的说法，称："琴乐公四子，长南园公缙，次绍，公早卒，附祀，次拙庵公绚，次南池公繻，是为长三房。兰轩公四子，长药圃公经，次贞轩公纶，次仰兰公纹，亦早卒，附祀，次乐潮公绣，是为次三房。又称六房祠云。"② 养浩公的两个儿子琴乐和兰轩的后代中，形成了长三房和次三房，即南园公房、拙庵公房、南池公房、药圃公房、贞轩公房、乐潮公房。联结长三房和次三房的，在谱系上是养浩公，在实体上即是"六房祠"。

《凤冈陈氏族谱》所反映的正是清代课盐分离之后盐场赋役的情况。清代盐生产者已经不受灶籍身份的限制，由此也导致了制度上盐生产者和盐销售者的分离。换句话说，盐场既然节制不了生产者，则需通过控制销售者来管理盐的流通。清代广东盐场从场商养灶到发帑收盐便是在这一逻辑下展开的。清初，两广盐区的盐产运销制度基本继承了晚明的办法："大抵灶丁卖盐于水客，水客卖盐于商人，商人散盐于各埠。"③ 康熙二十一年（1682），广东巡抚李士桢首次建议仿照淮浙，不分水客埠商，改排商为长商，但未得到朝廷的允许。直到康熙三十一年（1692），广东设立盐政之后，首任盐政沙拜推行系列改革，才将排商除去，用殷实之户充为长商，并"裁去水客，设场商出资本

---

① 《凤冈陈氏族谱》卷二，第26页。
② 《凤冈陈氏族谱》卷一，第60a页。
③ 道光《两广盐法志》卷三，《稀见明清经济史料丛刊》第1辑第39册，国家图书馆出版社，2012，第441页。

养灶"①。场商的出现，改变了广东盐场原有的经营模式。场商成为清代官府借以控制盐场生产环节的重要角色。盐场的收盐和场课都被场商一手包办，场商制度实际上成为清代课盐分离状态下的一种新的盐场管理办法。在全国很多盐区，场商和灶户是分离的，他们之间更像是雇佣或者借贷关系。朱轼称："凡灶户资本，多称贷于商人，至买盐给价，则权衡子母，加倍扣除，又勒令短价。"②这导致的结果是"灶户之盐，不乐售于商，而售于私"③。灶户雇佣煎丁煎晒盐斤，经灶户卖于场商，故有"灶户苦于场商，煎丁又苦于灶户"④的说法。

二 发帑收盐与清代的盐场栅甲

与全国大部分盐区不同，场商制度在广东并没有维持多久。康熙五十七年（1718）两广总督杨琳等关于发帑收盐、裁撤场商的建议，得到朝廷的允许。自此，广东"裁撤场商，发帑委员收买场盐"⑤。由运库出帑本银交给场员，发给灶户，灶户产盐均由官府收买并雇佣船户运送，只留埠商完课运盐。广东裁撤场商的原因，据说是"场商无力养灶"⑥。这种说法值得我们再去深究，不过从场商到官为发帑的转变，不仅反映了官商之间的资本或者利益的问题，同时也迫使官府需要更多地掌握盐场地方的情况。本文在这里想要讨论的是，这一运作是如何在

---

① 道光《广东通志》卷一六五，《续修四库全书》第672册，上海古籍出版社，1996，第538页。
② 朱轼：《请定盐法疏》，《皇朝经世文编》卷五〇，《近代中国史料丛刊》第731册，文海出版社，1972，第1801页。
③ 王赠芳：《谨陈补救淮盐积弊疏》，《皇朝经世文续编》卷五一，《近代中国史料丛刊》第831册，文海出版社，1973，第5550页。
④ 《清盐法志》卷一〇七，民国九年盐务署铅印本，第9b页。
⑤ 《清盐法志》卷二一六，第1b页。
⑥ 《两广总督杨琳奏报接管盐务设法整顿并请展限奏销折》（康熙五十七年六月二十八日），《康熙朝汉文朱批奏折汇编》第8册，档案出版社，1985，第200页。

盐场上实现的。

推行发帑收盐后，官府强调盐场盐斤"颗粒官为收买"①。雍正二年（1724），两广总督孔毓珣表述了具体的操作，即："广东发帑收盐，俱按照场地产盐多寡，工本轻重，定为等次，给发灶丁每包自七分六厘零以至二钱九分七厘零不等。"② 在这一改革背景下，在制度上，广东盐场出产的食盐，只能通过官府收买的形式进入盐业运销体系，而不能再自行交易。

盐斤"颗粒官为收买"看似简单，但在上述所呈现的盐场社会状况下并不容易落实。清代盐场课盐分离后，产盐者不再受盐场管理和食盐生产的束缚。新垦的盐田也只需"俟垦成之日，官给执照，计田纳课，永为世业"③。在这种情况下，乾隆三十七年（1772），朝廷甚至停止灶丁的编审，"归原籍州县汇入民数案内开报"④。也就是说，灶户灶丁并不能成为盐场官员实现"官为收买"依据的对象。换句话说，清代并不存在一群以灶户为户籍的专业产盐人群。

此外，盐场并不具备承担管束盐场产盐者的人力和提供行政成本的能力。广东沿海盐场历来地缘辽阔，海边尽可制盐，加上盐场员弁数量极其有限，在生产管理上常常顾此失彼。场员和帑本不足成为广东盐场管理的掣肘因素，二者都将导致"近场私壅，官引阻滞，有碍引课"。究其原因，妨碍食盐专卖制度实施的是私盐的存在，而场私更是专卖制度最大的隐患。⑤ 康熙三十五年（1696）东莞知县杜珣一针见血地指出

---

① 邹琳编《粤醝纪要》，《近代中国史料丛刊》第890册，第5页。
② 乾隆《两广盐法志》卷四，《稀见明清经济史料丛刊》第1辑第35册，国家图书馆出版社，2008，第330页。
③ 《清盐法志》卷二一五，第3a页。
④ 周庆云：《盐法通志》卷四二，民国三年文明书局铅印本，复旦大学图书馆藏，第4b页。
⑤ 关于两广私盐问题，参见王小荷《清代两广盐区私盐初探》，《历史档案》1986年第4期；黄启臣、黄国信《清代两广盐区私盐贩运方式及其特点》，《盐业史研究》1994年第1期；黄国信《清代两广盐区私盐盛行现象初探》，《盐业史研究》1995年第2期；黄国信《乾嘉时期珠江三角洲的私盐问题——中国第一历史档案馆一则关于东莞盐务档案的解读》，《盐业史研究》2010年第4期。

了盐场的问题："莞邑乃产盐之地，……虽有巡丁之设，而巡丁止能巡于水陆之外，而不能巡于家户之内。"① 盐场之地，缉私最大的困难在于家户内的私盐流通。官府一直极力在生产源头遏制走私，这也是明王朝置盐场、设灶籍的初衷。乾隆元年（1736），署理两广总督庆复指出广东盐场面临的问题，称："东粤沿海各场地方辽阔，灶丁耙漏淋卤，煎晒生熟盐斤，每遇秋冬晴汛，出产甚广。发帑收盐必须场员实心经理，平日巡查周到，约束有方"，"若稍有疏忽及发价稽延，则灶丁待哺情殷，势必偷卖私枭"，需要场大使、场员殷实能干，"始能用心整饬"。②

在场商养灶的时期，盐场尚能依赖场商自行筹办的组织进行管理。据称，"惠州淡、石二场，向系商人安设司事、巡丁协收，每包场配给该商工火银二分八厘，运省给工火五分，浮冒甚多，急宜裁革。请专归大使督收管理，听该员妥设人役，每包给工火银一分五厘"③。但显然这种盐场"妥设人役"的效果并不理想。据乾隆十年（1745）那苏图的奏报，"广东一省地处海滨，逼近场灶，自发帑收盐以来，官商运销者不过十之一二，奸徒兴贩者约计十之七八。且贩私不止枭徒，凡商人船户俱夹带余盐，沿途发卖，透漏者亦不止灶丁，在场委员弁皆密地售私，其赃入己"④。由此可见，广东改场商养灶为发帑收盐，显然是在基层实践上给地方盐场出了一道难题。

笔者曾撰文指出，随着清代广东盐政对于盐场的管理重心由灶丁转移到盐田，在盐场的实际运作中，盐灶、盐漏等作为盐场的生产场所，由于和食盐生产直接相关，又便于官府对盐斤产量的掌控，因而逐渐变

---

① 嘉庆《东莞县志》卷一二，《广东历代方志集成·广州府部23》，第462上页。
② 署理两广总督庆复：《奏请拣发人员以资广东盐场委任之用事》（乾隆元年十一月十一日），中国第一历史档案馆藏宫中档，档案号：04-01-35-0446-038。
③ 乾隆《两广盐法志》卷四，《稀见明清经济史料丛刊》第1辑第35册，第337~338页。
④ 那苏图：《奏报委员盘验广东盐包以杜私贩事》（乾隆十年三月十二日），中国第一历史档案馆藏宫中档，档案号：04-01-35-0449-043。

成了估算盐场产量和实现盐场管理的基层单位。① 不过，这尚未解决保证盐斤颗粒归官的制度要求。明初以来，广东盐场设置了一套称之为栅甲的组织制度来实现管理。而在雍正四年（1726），作为栅甲制中重要角色的栅长则被革除。据雍正《东莞县志》载：

> 靖康场分设六栅，每栅各分十甲，既又立有栅长、灶甲名役，得因缘为奸。雍正四年，督、抚两台暨转运使可邑侯请，饬照民粮事例，一体均粮均役，革除栅长名色及场内各陋规，剔厘一清，弊无所滋，灶丁大安赖之。勒石县、场为记。②

栅长、灶甲本来是在栅甲制之下盐场催征盐课的主要人员，虽然后来演化成出钱雇"场当"代役，但仍一直存在，直到康熙中期，归德、东莞等场的"场当"才"奉革"。③ 靖康场的栅长、灶甲名役则于雍正四年（1726）经过两广总督、广东巡抚批准，"照民粮事例，一体均粮均役"。

栅甲制作为场课完纳税收的工具④，其作用在清代已经不复存在，但乾隆十九年（1754）编修的《凤冈陈氏族谱》却依然明确记载了该族在盐场栅甲的编户情况。除表1所示外，据凤冈陈氏"四世祖永从公尝产分寄各户"记载：

> 四世祖永从公尝产分寄各户
> 陈　尧户：县六甲场六甲

---

① 李晓龙：《从生产场所到基层单位：清代广东盐场基层管理探析》。
② 雍正《东莞县志》卷六，《广东历代方志集成·广州府部23》，第96右下页。
③ 康熙《新安县志》卷六，《广东历代方志集成·广州府部26》，第73左下、79右下页。
④ 李晓龙：《生产组织还是税收工具：明中期广东盐场的盐册与栅甲制新论》，《盐业史研究》2018年第4期。

陈嗣昌户：县九甲场十甲

陈超凡户：县九甲场十甲

陈儃明户：县二甲场二甲

陈祚昌户：县一甲场一甲

陈全锡户：县十甲场十甲

陈仲震户：县十甲场十甲

陈豪若户：县八甲场十甲

陈　科户：县六甲场十甲

陈蜚声户：县一甲场十甲

陈梅赏户：县十甲场十甲①

上述材料所反映的户籍登记说明，盐场的一个户名同时被编入盐场和州县。如其中的陈尧户既编入东莞县七都十三图六甲，同时也编入靖康盐场龙眼栅六甲。盐场栅甲的编户状况依然清晰。

我们知道，清代的"户"一般不再代表生活中的个别家庭，而是作为一定的田产税额的登记单位，有权支配和使用某个"户"的必须是特定的社会集团中的成员。因而"户"通常被用于指称某一宗族或族内的房系，族内各房也多分别有自己的户籍。② 在清代的盐场户籍登记中，同样也是此"身"非彼"身"，即户不是指向具体的人，而更多地由某个房支所支配。凤冈陈氏大部分的房支都有自己的户。"尝米分寄各户"，就是将祖先的祭产所要承担的县粮、场课等赋税由派下的房支来分担。如三世祖祖舜公尝米分寄"壮立（户）米八斗八升二合四勺，县八甲场六甲"即意味着编入县八甲场六甲的陈壮立户要承担八斗八升二合四勺的县米赋税。这里的陈壮立户不是指具体的人，而是凤

---

① 《凤冈陈氏族谱》卷二，第20b~21a页。
② 刘志伟：《明清珠江三角洲里甲制中"户"的衍变》，《中山大学学报》（社会科学版）1988年第3期，第64~73页。

冈陈氏上椰房所使用的户，即上椰房要承担八斗多的祖舜公尝的赋税缴纳。

更有意思的是，凤冈陈氏的族规里明确禁止族人充任场役："其已经充县差场役者，宜即禀辞，庶免革胙。如敢藐族，并其子孙永远不得入祠。"① 所以，这里登记栅甲情况显然不是承担场役的需要。这是在盐场革除栅长等役，即栅甲制度已经失去明代管理盐场赋税征收职能之后的情况。这说明了栅甲制度在清代仍然有其存在的必要性。

对于这一时期栅甲制的理解需要将其放回到广东盐政由场商养灶向发帑收盐的制度变化过程中。在场商制度下，"广东生、熟各盐场，向系场商自备资本，雇养灶晒各丁，所收盐斤交与场商"，"倘遇阴雨不能收盐，或风潮冲决围堘，亦系场商发银培养、修筑"。② 场商在场收盐之外，有些盐场还由场商认增场课，如新安县归德场场商认增课银五百两余，费银一十八两余，归善县淡水场场商认增课银一千五百两余，费银五十五两余。③ 可见场商是清初代替盐场官员管理盐场生产和运销的重要角色。但实行发帑收盐之后，官府明令取消场商。在这样的状况下，如果不借助场商来管理盐场，那么盐场基层管理又如何维系呢？是场商制度发生变化，还是出现了新的制度来代替？

盐场宗族与"水客""场商"有着极深的渊源。盐场宗族在其中扮演重要的角色，甚至直接担任水客、场商。水客运盐的传统由来已久。明中后期，广东盐业运销的途径是先由水客赴场买盐，商人接买水客之盐转售盐埠。④ 水客是哪些人？万历年间淮盐夺取粤盐市场后，陈一教曾称："臣见载盐之船千艘，若无用而停泊于内河，驾船之夫数万人，

---

① 《凤冈陈氏族谱》卷二，第11a页。
② 《乾隆元年八月户部议准两广总督鄂弥达题为遵旨密议具奏一疏》，乾隆《两广盐法志》卷四，《稀见明清经济史料丛刊》第1辑第35册，第367~368页。
③ 乾隆《两广盐法志》卷一七，《稀见明清经济史料丛刊》第1辑第37册，第490~491页。
④ 参见黄国信《明清两广盐区的食盐专卖与盐商》，《盐业史研究》1999年第4期。

皆无靠而流离于外海。其势必聚众而出海盗珠,则乌合而奔投番舶,将有啸众聚党,据险弄兵。"① 这帮载盐、驾船的水客、船户,因为运盐事业的终结,竟至"聚众而出海盗珠"。同时期的靖康场灶户陈履也称:"某与海滨之民,乐观升平,讴歌鼓舞","奈何去年以来,民情大变,鸠集党□,造为舟船,倡言盗珠,公行无忌,有司知而不一禁,乡里惧而不敢言"。② 综合二者,运盐之人可能即是海滨之民、盐场乡邻。

发帑官收的本意是希望由官府代替资本微薄的场商,但实际运作中并不可能仅仅依赖盐场盐丁的自觉将盐交给官府换取工本。当时的官员实际上也认识到了这一点。据称:"查盐场各灶额价原轻,今虽准部咨行,每包加价一分五厘,亦仅足敷灶晒工本,灶丁偷盐私卖尚可多得价值。即以廉场而论,官价不过一厘六毫零,若以私卖,每斤可得银三厘,至官埠引盐则将课饷运脚各费并入定价,虽近场至贱之埠,亦系每斤五厘。晒丁若偷盐私卖,每斤可多得一厘三四毫。"③

如何发放帑本,帑本发给谁,依据是什么,这些都是发帑收盐在实际运作中碰到的难题。同时,盐司衙门出于缉私考虑,需要监察盐斤的来源,这就要求盐场盐斤输出要追究到户。乾隆《两广盐法志》明确规定:"凡拿获私贩,务须逐加究寻,买自何地,卖自何人,严缉窝顿之家,将该犯及窝顿之人,一并照兴贩私盐例治罪。若私盐买自场灶,即将该管场使,并沿途失察各官题参议处。其不行首报之灶丁,均照贩私例治罪。"④ 为了实现这种追责的目标,盐场就必须由特定的户来承担供应盐斤的职责,他们同时也因此需要承担部分打击场私的责任。

综合以上的讨论,我们就会明白,在课盐分离之后的广东盐场依然

---

① 陈一教:《复通盐路疏》,崇祯《东莞县志》卷六,《广东历代方志集成·广州府部22》,第271右上页。
② 陈履:《悬榻斋集》卷三,广东教育出版社,2005,第504~505页。
③ 乾隆《两广盐法志》卷四,《稀见明清经济史料丛刊》第1辑第35册,第345~346页。
④ 乾隆《两广盐法志》卷二,《稀见明清经济史料丛刊》第1辑第35册,第197页。

保留并不需要承担场课的栅甲,根本的原因在于实行发帑收盐后需要盐场继续执行落实到户的政策。笔者在讨论盐场基层管理转向以生产场所为单位的过程中,曾指出盐灶是其中一种重要的形式。据乾隆《两广盐法志》所绘制的归靖盐场图,原来归德场的十六社,并不沿用从前名称,而改称盐灶,如田乡盐灶、西联乡盐灶、大步涌乡盐灶、涌村盐灶、衙边乡盐灶、邓家荫盐灶、沙园乡盐灶、岗村盐灶、壆乡盐灶、上乡盐灶、茅洲村盐灶、莆尾乡盐灶、新村乡盐灶等。[①] 我们通过实地调查和访谈,还原从明代的归德场十三栅到后来的十六社,以及乾隆朝的十三乡盐灶的关系,可以发现,大部分的盐灶都是从原来的十三栅、十六社演变而来。也就是说,至少归德场的盐灶很大程度上是继承了明代栅甲制的框架。这也就可以理解为何在明代栅甲制度崩溃之后,凤冈陈氏的家族记载中依然保留着栅甲制的登记方式。

三 船户运盐政策与地方权力格局
——以盐场宗族争墟为中心

上述的讨论回答了实行发帑收盐后盐场如何发帑、向谁收盐的问题,但仍然存在另一重要问题,即盐场如何买运食盐。发帑收盐改革中除了盐场的"盐斤颗粒官为收买"外,官府还要负责雇佣船户运盐,即运送盐斤。监察盐户的生产,监督船户在盐场的买卖,都要委之场官。但裁撤场商之后,除了在盐场设置盐仓之外,在盐场管理上并没有制定出新的措施。盐场如何进行食盐买运,以及盐仓的位置,都是关系盐场地方利益的问题。

我们可以从《盐法志》中了解到一些船户运盐的相关制度。雍正二年(1724),两广总督孔毓珣关于发帑收盐的阐述中,也提到了关于运盐船户

---

① 乾隆《两广盐法志》卷首,《稀见明清经济史料丛刊》第1辑第35册,第82~83页。

的规定:"海运船户亦按场地远近,雇价每包自三分以至一钱四分不等。"①即盐场收盐则由场员发帑于盐户,并"俟海运船户到场领装,场员即亲督配兑,一经兑足,立即盖印,押令开行"②。从制度上讲,发帑收盐即是由官府雇佣特定船户到盐场盐仓转运食盐,然后运赴省城省河卖于埠商。

乾隆五十一年(1786)的一则档案,可以为我们展示运盐船户制度的运作过程。

> 谭华瑞籍隶东莞县,驾船度活,先于乾隆四十九年二月内呈县置造商船一只船,名谭有利,领有东莞县牌照,向来受雇神安郴永乐各埠,赴场运盐,俱经交卸清楚。乾隆五十一年正月初八日,郴永乐埠司事谈冼又雇该船往电茂场运盐,言定水脚花边银二百四十圆,先交二十圆余,俟运盐回日找给。谭华瑞船上原有舵工李祥吉、何耀学,水手麦日华、陈锦华、梁占奎、麦亚贵、谭茂兰、陈亚有、周亚始、麦昌贤、袁迥祥、谭作彦即谭爵燕、王亚胜、王五和、尹亚兴、王亚祐、刘成禄,并雇工人李进喜共十九人,李祥吉又另雇封亚保煮饭,一共二十人。谭华瑞因米饭不敷,向麦日华借出番银二十二圆,买备酒米,言明运盐回日加利给还,二月十四日自泊船之太平墟开行由三门汛挂号出口。③

"谭有利"船造于乾隆四十九年(1784),"领有东莞县牌照",并且"泊船(靖康盐场)之太平墟"。该船向来是受雇于粤北"神安郴永

---

① 乾隆《两广盐法志》卷四,《稀见明清经济史料丛刊》第1辑第35册,第330页。
② 乾隆《两广盐法志》卷九,《稀见明清经济史料丛刊》第1辑第36册,第170页。
③ 孙士毅、图萨布:《奏为严审外洋行劫盗犯谭华瑞等及租卖军火委赵承恩兵丁吴有亮从重定拟》(乾隆五十一年闰七月二十八日),中国第一历史档案馆藏朱批奏折,档案号:04-01-08-0072-005。

乐各埠",赴场运盐。运盐过程中,先商定水脚花边银若干,并预付订金,"俟运盐回日找给"。运盐船由谭华瑞在官府登记,领有牌照,其他舵工、水手、工人、煮饭等均由谭华瑞雇请。这则材料更重要的地方还在于它表明了船户在买盐制度中的灵活性。

无论水客、场商运盐还是发帑收盐,清代盐场的工作重心始终是实现对食盐运出盐场的监督管理。二者之间的差异在于赴盐场买盐的人的身份不同,而共同点则是需要一个集中的、供供需双方交易的场所。盐户卖盐于场商,需要一个集中的地点,而这个地点必须兼备水路便利的特点,因为场商还需雇船将盐运往省城。墟市无疑成为地方经济贸易中的重要资源。场商在场收盐,是对盐场民灶不分状况的承认,所以卖盐者自然不必具有灶籍身份。朝廷对盐场盐斤流通的管理,只要管好场商及其运盐船即可。康熙末期,广东盐政竟将场商裁撤,改由发帑官运,由官府代替场商的角色。不变的是,发帑收盐之后,官府通过船户运送盐斤,仍需墟市作为交易场所。因此,盐场的集市就变得更为重要。况且墟市是盐斤装船的场所,便于集中管理。对于官府来说,控制了盐场主要的墟市,再加以水道缉私,便能有效地管理食盐在盐场的流通。

嘉庆十六年(1811)两广总督松筠、广东巡抚韩崶"奏为拿获广东东莞县袁果等私自贩盐一案事"则直接涉及东莞盐场地区船户贩私的情况。

> 访闻东莞地方有私贩出没等情,当即檄饬严密查拿。随据东莞县知县钟祥禀报,会同署游击陈国宝督带兵役亲往麻涌地方查拿私盐,船户人等闻风逃散,当时拿获陈达行、袁复检、袁亚六、袁广载、莫亚波等五名,私盐三船共六百零四包,计重一十二万斤。①

---

① 两广总督松筠、广东巡抚韩崶:《奏为拿获广东东莞县袁果等私自贩盐一案事》(嘉庆十六年八月初五日),中国第一历史档案馆藏军机处录副,档案号:03-238-020。

陈达行等人，"籍隶东莞，贸易营生"，袁孚选则"向在麻涌地方开张杂货店生理"。陈达行等因与袁孚选熟识，"嘉庆十六年四月二十日，袁孚选至陈达行家探望陈达行，道及生理清苦，闻大奋村各处有船户带卖私盐，价钱甚贱，袁孚选店内易于销售，起意贩买私盐交袁孚选出卖，获利分用，袁孚选应允"。陈达行等的私盐来源之一，即他"在广济墟用价银四百一十四两，向船户陈辉泰买得私盐十二万斤"。① 其中广济墟即在虎门附近，是靖康盐场内的主要河道广济河上的重要集市。广济墟于乾隆年间逐渐兴盛，成为当地重要的商贸集市。而买盐的对象则明确指出是"船户"。

上述材料还表明了地方墟市与食盐贸易之间竟有如此紧密的联系。更巧合的是，在从场商养灶到发帑收盐的这段时间里，凤冈陈氏也在不断与邻族争夺盐场当地墟市的主导权。康乾年间靖康盐场中北栅凤冈陈氏与邻乡大宁谭氏不断因为墟市问题而斗殴乃至争讼。

自康熙二十三年（1684）前后到乾隆四十年（1775），凤冈陈氏因为新建仁和墟，强邻斥其争夺墟期，双方大兴斗讼，僵持将近百年。北栅本无墟市，贸易皆往邻乡，声称"为异域抽剥所苦"，之后族人陈禄"集合十约长者，允割税地为场"，新辟"仁和墟"，"招徕安集"。② "异域"即指邻乡同属靖康盐场的大宁栅，往时北栅日常货物交易则需往大宁墟。族谱称，陈禄"以大宁墟故，里人屡遭横辱，众请另辟集场，招徕市贩"③。仁和墟的开辟则引起了大宁墟的经营者大宁谭氏家庭的不满，"强邻指为搀夺墟期，大兴斗讼，欲以奇祸中之"。这件事闹到了广东巡抚李士桢那里，但李以"公前代科目"为由而置之不理。

---

① 《奏为拿获广东东莞县袁果等私自贩盐一案事》（嘉庆十六年八月初五日），中国第一历史档案馆藏军机处录副，档案号：03-238-020。
② 《明经忱峙公传》，《凤冈陈氏族谱》卷七，第85页。
③ 《处士慎余公传》，《凤冈陈氏族谱》卷七，第79b页。

所谓"前代科目"是指陈禄"中式隆武乙酉科",①即陈禄为前朝士人。在大宁谭氏一方,"八世祖观澜公有尝产顷零,因族与邻姓拘讼,典卖殆尽"②。争墟(或称为对市场的争夺)愈演愈烈,至康熙三十九年(1700)、四十年(1701),更有族人致伤人命而入狱。据称"康熙庚辰(康熙三十九年,1700),(仁和墟)几为强邻所夺。"③"辛巳岁(康熙四十年,1701)族仁和墟被强邻抢夺,祸伤一命,大兴雀角。"④"为邻人骚扰,阛阓震惊,公(陈肇原)率众御侮,寻被拘讼。"⑤乾隆四十年(1775),双方争斗又致伤人命,多人入狱,随后,陈维岳"控理白其事"⑥,陈仕章"力捍卫,备尝艰苦,见直当道"⑦。陈维岳等直接控诉到广东巡抚彭鹏那里,终于彭鹏给示,释放拘拿的陈家子弟,并"任民自便。舆情大快,至今市肆安堵,商贾麟集,人咸德之"⑧。近百年的墟市之争才告终。

对墟市的争夺看似是当地两族之间的矛盾,实则是对地方盐业市场控制权的争夺。这要结合当地水路交通环境来分析。凤冈陈氏建立墟市与该族修改水道有着密切的联系。康熙二十三年(1684),凤冈陈氏以风水不佳为由,修改村前水道。据称,原本北栅乡风水极好,阳宅"左则有青龙之水,右则有玄武之水","前面则有大江朝宗,作为川字三支入怀",因此"吾乡(北栅)自宋以来,代接书香,科名蔚起",但展界以来"仕路终艰,财源就窘,老成凋谢,俊杰淹终",察其原因,盖因"青龙之水改从河潭冈侧斜飞而去,不得入怀,致泄旺气"。所以需将水道改复原道,又寻得"沙涌尾所在即原日入怀水道接续

---

① 《处士慎余公传》,《凤冈陈氏族谱》卷七,第79a页。
② 《赐进士武德郎晋赠文林郎先大人逸耽公传略》,《大宁谭氏族谱》,第79页。
③ 《明经履庄公传》,《凤冈陈氏族谱》卷七,第96a页。
④ 《文学崧山公小传》,《凤冈陈氏族谱》卷七,第75b页。
⑤ 《明经忧峙公传》,《凤冈陈氏族谱》卷七,第85页。
⑥ 《文学崧山公小传》,《凤冈陈氏族谱》卷七,第75b页。
⑦ 《明经履庄公传》,《凤冈陈氏族谱》卷七,第96a页。
⑧ 《处士慎余公传》,《凤冈陈氏族谱》卷七,第79b页。

处", 遂 "将六房祖尝田均兑, 至须工费, 则随屋与丁派", 鸠工修复。① 修复水道, 实际上是希望另辟水道将北栅乡从水路上连接到广济河。广济河是靖康场内的主要河流, 过去水域辽阔, 春夏疏排东江及莲溪诸淡水, 秋冬自磨碟口涨入咸潮, 终年水量丰富, 咸淡水交汇。在盐场境内, 主要有三个支流, 一则从怀德村后上庙坳, 经树田, 沿羊湾尾水步, 下博头涌, 经大宁乡东南、金洲入广济河; 二则自北栅诸村, 经虹桥涌（即上文河潭冈处）出亭步, 汇广济河; 三则自北栅村经龙眼村, 过郭武桥, 接广济河。旧时的大宁墟位于虹桥涌的下游（今大宁村关帝庙附近）, 而凤冈陈氏创建的仁和墟则在博头涌的上游（今大坑村附近）。因风水不佳而改水道的背后, 实际上是凤冈陈氏意欲绕开大宁墟对水路的控制, 而另辟一条通道以接入广济河, 建立新墟市挤兑市场的竞争对手。

盐场中类似仁和墟这样的墟市还有如附近归德盐场的义和墟和茅洲墟等。② 这些都是关系盐场地方盐业市场兴衰的墟市。在珠三角, 墟市常常与宗族结合, 形成一套交织着地方权力格局的有效的管理机制。③ 广东盐场历来也有依赖地方势力来维系基层管理的做法, 宗族在盐场的日常运作中常常举足轻重。如康熙末年靖康盐场大使吴璧遇到盐场场课缺征难完问题, 便先致信在外为官的北栅人陈似源请示处理办法, 陈似源也称 "有回字劝谕", 并告诉吴璧 "在老父母以国课为重, 不妨行所当行"。④

在上述争墟事件中, 创建仁和墟的陈禄, 与邻争讼的陈肇原、陈仕

---

① 陈龙骖:《修复村前故水道序》,《凤冈陈氏族谱》卷一一, 第26a～27a页。
② 参见《建立义和墟厅房记》（乾隆三十二年）, 谭棣华等编《广东碑刻集》, 广东高等教育出版社, 2001, 第788～790页; 佚名:《盐法考》卷一七《广东事例》, 清抄本, 中国国家图书馆藏。
③ 参见李龙潜《明清时期广东墟市的类型及其特点》,《学术研究》1982年第6期; 李龙潜《明清时期广东墟市的盛衰、营运和租税的征收——明清广东墟市研究之二》,《暨南史学》第4辑, 暨南大学出版社, 2005。
④ 陈似源:《复靖康场大使吴璧书》,《凤冈陈氏族谱》卷一一, 第53页。

章、陈维岳均属前文所说的六房祠后人，创建墟市的资金也来自"六房祖尝田"。开辟水道的是"六房"，参与建立仁和墟和主导与强邻争夺墟期的也都是这六房。这说明，尽管康乾年间广东盐业政策有所调整，但以"六房"为主的凤冈陈氏家族却始终在盐场地方发挥重要作用。在课盐分离后，凤冈陈氏中独承该族场课的也是这六房。

更为重要的是，若我们结合乾隆《两广盐法志》的记载，可以发现，归靖场（即归德场和靖康场）图中，靖康场的盐厂大致位置是在北栅的仁和墟。① 再结合东莞当地民谚"先仁和后镇口，有广济无镇口"的说法，我们可以看到清代地方盐业政策变化在市场上的映射。根据老一辈的回忆，民谚说的是盐场地方市场中心的转移过程。清初盐场的重建伴随着北栅仁和墟的兴起；饷归丁粮以后镇口、白沙也逐渐成为重要的贸易中心；乾隆末年盐场裁撤之后，广济墟由于交通便利逐渐成为商贸和私盐交易的地点。这些墟市在清代食盐贸易中是非常重要的，如上述嘉庆十六年（1811）查处的私盐案中，就交代了"买得私盐十二万斤"的情况。

由此可见，场商养灶尤其是发帑收盐之后所确立的船户运盐政策，使得盐场靠近便利水路的墟市的经济地位骤升，因为它更方便于船户买运盐斤。为了抓住这一利好，盐场宗族由此展开了墟市的争夺，并不惜代价改变盐场地方的水路状况。控制墟市成为盐场宗族重塑地方权力格局的重要手段。

结　语

广东东莞县靖康盐场《凤冈陈氏族谱》是一部反映清前期盐场宗族日常状况的文献，其中保存了大量与盐场相关的重要记载，是我们了

---

① 乾隆《两广盐法志》卷首，《稀见明清经济史料丛刊》第1辑第35册，第82~83页。

解清前期广东盐场内部的户籍构造和应役实态不可多得的史料,尤其是对了解发帑收盐之后广东盐场的地方运作甚为重要。

官为发帑是清前期官府介入盐业产运销过程重要的新政策,但在具体的运作中十分复杂。清代由于课盐的分离,盐场管理实际上无法深入生产环节,场商由此成为官府借以控制盐场生产环节的重要角色。广东发帑收盐是直接对场商养灶政策的替代,但政策替代不代表实际运作便立即发生转变。如何将发帑收盐落实下去成为地方治理的关键。正如杨久谊所说,清朝场商的存在,是因为对场商与灶户既存关系的认可,它可以让清政府能够在财政上和行政上,以最小的付出达到它财政的需要。[①] 所以,尽管广东推行发帑收盐的目的是试图用官府代替场商的角色,但在基层运作中,实际上不过是地方官府另外寻找特定的代理人来代替场商的角色。而在水客和场商经营的时期都起着重要作用的盐场宗族成为最佳选择。盐场宗族不仅承担着盐场主要的场课,而且维系着盐场栅甲制的运作。而栅甲制的继续保留,正是为了确保发帑收盐政策基层运作的顺畅。

从根本上看,发帑收盐并未触发盐场基层运作机制的改革,而是形成"官向盐场买盐"的运作模式,实际的运作和场商养灶并无二致。唯一不同的只是在场商之上增加了官府的资本介入。在发帑官运之下,基层运作只是改变了场商的名目,盐场宗族进而替代场商成为官府在盐场的代理人。作为墟市实际控权者的凤冈陈氏的"六房",便是这样一个角色,并通过创建墟市,争夺市场,通过墟市的管理来实现其利益。

---

① 杨久谊:《清代盐专卖制之特点——一个制度面的剖析》,《中央研究院近代史研究所集刊》总第47期,2005。

清朝建置九龙寨城过程中的收地拆屋赔偿问题

张瑞威[*]

摘　要：本文旨在探讨19世纪40年代位于九龙湾的清朝边城是如何建筑出来的。这个问题看似简单，其实不然。进入19世纪，九龙湾已经是乡村林立，民产处处，近海地区更建立了一个重要的商业区——九龙街市。究竟清朝官员是如何在这个地区收地建城的，尤其是清朝有没有一套法定的赔偿方案？这是涉及国家土地规划的重大民政事情，但很少在中国学术界受到关注。

关键词：九龙寨城　收地　赔偿

谈到九龙的历史，很多人便想到分隔南北的狮子山（Lion Rock）。狮子山之名大概是始于英国人租借"新界"的时候，但在清朝，这个险要的山峰被称为虎头山。虎头山以南的居民，至少在明朝已经定居。虎头山虽然严重阻隔了他们往北的陆路，但海路交通是非常便利的。以尖沙咀为界线，其西面水位较深，颇适合远洋大船停靠和补给；东面有几个湾头，虽是浅水泥滩，但由于是良好的避风港，吸引了许多渔船、

---

[*] 张瑞威，香港中文大学历史系教授。

商艇聚集。其中一个较大的海湾，便是九龙湾。九龙湾背靠虎头山，在山和海之间的平地有河流经过，是发展农业的良好地带。居民在那里种植水稻，再利用船运便可将大米贩卖至珠江三角洲一带，维持生活。不过，定居在这里，除了经常受到海盗的侵扰外，清初居民还经历了历时八年（1661~1668）的迁海之苦。迁海结束后，九龙湾一带的村落生活又陆续恢复，其中有两个大的村落，一个是以林氏为主的竹园村，另一个是以吴、陈、李三姓为主的衙前围村。①

早在鸦片战争之前，虎头山以南九龙湾一带商业已经有所发展。道光年间，九龙湾除了农村外，还有当地人称为"街市"的市集。市集并不是新鲜的事物，但在华南，大部分只是"墟市"，亦即每月只开九天的定期市集。"街市"则不同，店铺提供的商品极多，最重要的是它们每天都开门营业。这些店铺商人，以侯王庙为中心，扮演着地方领袖的角色。侯王是华南沿海地区广受祀奉的神祇，但侯王是谁？各处的解释则不尽相同。在九龙湾，村民多认为侯王名杨亮节，他曾护送宋帝昺逃难到此地，以逃避元兵的追杀。他也有可能是水上人的神，不过到了道光初年，这所侯王庙已经摆脱了"蜑民"的味道，而是地方精英聚集的地方。1822年，这一带的商民决定筹措金钱，重修侯王庙。他们本来没有打算做什么记录，认为"捐资建庙，在在皆有，无足多也，又何纪为？"但流寓九龙已经五年的南海文人罗世常则以儒家的忠君思想力排众议，作了《重修杨侯王宫碑记》，指出"侯王助法护宋"，"本此敬心，以敬君父，而能起后人诚敬之心若此乎？"碑文中值得注意的是，题助名单中便有400个名字之多。这些名字，除了人名外，也有许多是带有"拖"字的名称，相信是与渔业或海上运输有关；另外还有一些"塘"，大概是经营打石的石塘名称；不过最多的还是店号。这些店号也不仅仅是当地的，也有来自其他地方的，如赤柱、大埔等地。无论是人物还是店铺，主要是

---

① 张瑞威：《拆村：消逝的九龙村落》，三联书店（香港）有限公司，2013，第3~56页。

捐助金钱,但石湾巨丰店则敬奉了两对瓦狮。至于商人的组织,则从这次重修可以看到。重修前,人们先是在侯王座前"问杯",确定八个"首事",统筹事情。从碑文可见,这八个首事分别是泰来店、永合店、冠合店、万益店、联茂店、怡合店、成合店和广利店,应该就是当地的八间店铺。不难了解,在19世纪初,这一带已经是商店林立,而且与其他地区结成商业网络,商人则通过侯王庙的管理,成为地方精英。[1]

通过1842年的《南京条约》,英国割占了香港岛。香港岛的割让,在某种程度上也刺激了九龙半岛的发展。九龙湾由过去的清帝国边缘地区,摇身一变成为抵御帝国主义侵略的最前线。1846年,清廷决定在九龙街市附近的白鹤山下建筑九龙寨城。据说,白鹤山之得名,是因为山顶常有白鹤栖息。但对于官员来说,山上是眺望对岸香港岛的良好地点。

九龙寨城(图1)建于白鹤山南麓之下,为了加强保护,在城北再建筑一个瓮城,将半个白鹤山圈起来。如果敌人从北面进攻,须经过两道城墙,才能进入寨城的中心地带。从白鹤山的北面,可清楚看到狮子山的地貌,不过清朝时期仍称作虎头山。

本文旨在透过九龙寨城的建置,了解清朝的土地制度,以及土地征收和赔偿方案。众所周知,《大清律例》记载的是刑事法,但不代表官员没有一套正式或非正式的机制去处理土地问题。这个议题关乎清朝的国家土地规划,但在学术界比较少受到关注。在文章中,笔者试图通过1846~1847年九龙寨城的兴建,发掘材料去进行初步的解答。本文所使用的材料,是广州中山图书馆所藏九龙寨城勘建过程中的官方文件抄本,分上、下两册。1996年莫世祥曾将之标点重印,收入《香港杂记(外二种)》,由暨南大学出版社出版。在该书前言中,莫世祥对该书做了很好的介绍,他首先指出这批文件的正式书名应该是《勘建九龙寨

---

[1] 科大卫、陆鸿基等编《香港碑铭汇编》,香港市政局,1986,第一册,第75~78页。

图 1　九龙寨城

资料来源：参见郑宝鸿《香江九龙》，香港大学美术馆，2000，第 162 页。

城全案》："该钞本扉页上有四行毛笔字：'勘建九龙城炮台全案文牍，道光二十六七年，勘建委员顾炳章原稿本，此为官署全案公文'。上述文字为他人添注，非原钞本的字迹，所撰标题、时间也不够准确。1989年7月出版的《近代史数据》总74号刊出的《道光间广东防务未刊文牍六种》，将该钞本全文影印录入，并将该钞本命名《勘建九龙寨城炮台全案》。"① 莫世祥认为这不够准确，他考证原抄本目录实名为"勘建九龙寨城全案"，作为该抄本的名称。② 虽然如此，2003年桑兵主编《五编清代稿钞本》，将中山图书馆的原抄本再次影印出版，则采用了该抄本扉页的"勘建九龙城炮台全案文牍"，作为这批档案的名称。③

莫世祥曾对《勘建九龙寨城全案》的辑者进行了考证，他说：

---

① 王洁玉编《道光间广东防务未刊文牍六种》，全国图书馆文献缩微复制中心，1994。
② 莫世祥：《前言》，收入陈镛勋撰，莫世祥校注《香港杂记（外二种）》，暨南大学出版社，1996，第 4~5 页。
③ 《勘建九龙城炮台全案文牍》，收入桑兵主编《五编清代稿钞本》，广东人民出版社，2013，第 209 册，第 1~245 页。

"'全案'无著辑人及成编时间,惟据文牍内容及编排次序。辑录者很可能是负责督建九龙诸项防务工程的顾炳章,辑录成编的时间应在1849年(道光二十九年)3月以后。关于顾炳章的生平,从《全案》可知其时任广东试用通判。1846年(道光二十六年)6月奉委实地勘估九龙寨城、炮台等工程所需费用。随即正式出任督办九龙工程委员,与署广东新宁县知县乔应庚、丰顺县汤坑司巡检袁润业等人一起,督建九龙各项工程。九龙工程于1846年11月25日正式动工兴建。1847年1月,顾炳章又奉委同时修虎门、南石头等处炮台工程。同年5月31日,九龙城寨、炮台等项工程全部竣工。此后,他督修的广东横琴炮台、广济墟弁署、永胜火药局、广州省城内外城工、虎门七炮台兵房等项工程也相继完成。1849年初,顾炳章兼署广州佛山同知。"①

顾炳章奉命在九龙建立边城的缘由,要从鸦片战争谈起。1840年6月,英军进犯广东海面,第一次鸦片战争爆发。1841年1月25日,英军登陆香港。1842年8月29日,清朝战败,与英国签订《南京条约》,其中一款,将香港岛割让予英国。英国人割占香港岛的同时,将香港岛北面的水面命名为维多利亚港。"自从英国割占香港岛以后,与港岛隔海峡相望的九龙山就成为清朝广东官府与港英当局对峙的前哨。1843年,广东官府奏调大鹏协副将一员、九龙司巡检一员进驻九龙山,加强该地防务。1846年8月8日,两广总督耆英奏请在九龙山修建寨城、炮台、衙署、兵房等项防务工程,以期'屯兵操练,足壮声威,而逼近夷巢,更可借资节制,似于海防大有裨益。'道光帝朱批:'酌量妥为之。'"②

兴建一座城池,首先要解决的当然是经费问题。一开始,广东官府并没有打算动用税务收益去建城,而是去打士绅的主意,不过很成功。

---

① 莫世祥:《前言》,《香港杂纪(外二种)》,第5页。
② 莫世祥:《前言》,《香港杂纪(外二种)》,第5~6页。

首笔捐款是阳江知县朱庭桂率同当地士绅谭鸿义筹募得来的。谭鸿义的背景不详，《阳江志》以"邑绅"来称呼他，并记载他曾于道光二十年（1840）捐资重修该县的四座城楼。① 看来他是阳江县极有影响力的士绅，因此到省高级官员进行募捐的时候，也通过阳江知县求助于他。在道光二十六年（1846）五月十五日，通过谭鸿义筹得的捐款已达24500余两。② 这只是第一笔捐款，来自广东省其他州县的捐款也陆续送达广东巡抚的手中。

有了捐款，便可以派出官员往九龙进行工程的实地勘估。当时负责兴建九龙寨城的官员共有三位——试用通判顾炳章、新宁县知县乔应庚、丰顺县汤坑镇巡检袁润业。从《全案》的文件看来，三位勘建委员应是存在分工的，就目前所知，顾炳章是负责全盘规划，乔应庚是负责财务往来③，至于袁润业，则有点不大清楚，但作为巡检，地位虽低，却具地方行政经验，可能是工程现场的监督者。正因此故，五月二十五日，顾炳章便"随带"袁润业前赴九龙，对建造城寨、炮台、衙署、兵房等各项工程逐一勘估。④

闰五月二十五日，经过勘估之后，顾炳章和乔应庚向两广总督耆英提交了修城的建议书。他们首先描述九龙的形势。

> 勘得九龙山在新安县之东南，距城陆路一百里，水路一百八十里。山形如弓，湾长二十余里，南面临海，与香港之香炉山，群带路等处隔海对峙；北面依山傍田；东为鲤鱼门，直达大洋；西为尖沙咀，内通虎门。该山居民聚处不一，多系耕种捕鱼为业。惟中间附近白鹤山五里以内沿海一带，店铺民房数百余户。按志书内载，

---

① 民国《阳江志》卷八《建置志一》，成文出版社，1974年影印本，第451页。
② 《勘建九龙城炮台全案文牍》，《五编清代稿钞本》，第209册，第5页。
③ 《勘建九龙城炮台全案文牍》，第192~193页。
④ 《勘建九龙城炮台全案文牍》，第7页。

名为九龙寨。现在副将、巡检皆驻扎其间,此九龙山地势情形也。①

简单来说,九龙是一个背山靠海的半岛,与香港岛(沿海地带称"裙带路")隔海(即现在的维多利亚港)对峙。海有东、西两个出口,东口是鲤鱼门,而西口则是尖沙咀。山称"白鹤山"。山海之间,有店铺民房数百。若从古书找寻地名,或是"九龙寨",清朝在道光二十三年(1843)开始派驻的大鹏营副将(武官)和九龙司巡检(文官),便驻扎在这里。

对于顾炳章来说,城池的选址须非常小心。他希望找到地势较高的地点,这大概是出于方便瞭望和避免水淹的考虑。同时他不想过于扰民,若因修城而拆迁大量民房,容易引起地方骚乱,这是他在勘察的过程中特别注意店铺民房的位置的原因,就是为了在选址上尽量避开。最后他选的地方如下。

> 履勘城基,非形势未协,即地盘低洼。惟白鹤山南麓下离海边三里,一片官荒,地平土坚,风水亦利,既无坟田相碍,亦无潮水淹浸,就此建筑城寨,与防海卫民,题义相洽。②

于是,顾炳章便联同乔知县,开列建城建议。建议可以分为三个部分,第一部分是兴建寨城。

(1) 石城一座,坐北(山)向南(海),周围180丈,高1丈8尺,厚1丈4尺,城门4个,敌楼4个。

(2) 北面城墙依山而建,毋庸备炮,但仍建腰墙一道,圈围山顶,

---

① 《勘建九龙城炮台全案文牍》,第8页。
② 《勘建九龙城炮台全案文牍》,第8~9页。

周 170 丈，高 8 尺，厚 3 尺。酌开长形枪眼，旁设耳门，中建望楼，以杜抄袭。

（3）东、南、西三面，配炮 32 位。

（4）供水方面，城内开池，广深 1 丈，另水井两口。

（5）城内通衢街道，俱铺石板。

（6）城内正北建武帝庙一所。

（7）东北角建副将巡检衙署各一所。

（8）城内西北角建演武亭大校场、火药局，并兵房 14 间。

（9）东南西南空地，作民居之用。①

第二部分是这座"石城"（按：九龙寨城）的周边军事布置。

（1）重修城前的九龙炮台，与石城成犄角之势。此炮台原在佛堂门，康熙年间建置，以御海盗。到了嘉庆十五年（1810）②，新安知县利瓦伊榆嫌炮台孤悬难守，遂移建于此。台周 31 丈，南面临海，安炮 8 位，其余三面均系马墙。顾、乔二人的建议是：①将南面敌台加高培厚；②官厅兵房一律修葺；③添置 3000 斤炮两位。

（2）城外东北角大竹园山及西南角尖沙咀，各置兵房和烟墩，作烽火台之用。③

第三部分是建造兵船，好让九龙副将和九龙协镇在附近海面巡查弹压。可能是考虑到英国兵船也在洋面巡弋，所以顾乔二人说："若坐三板脚艇，不足以壮观瞻，拟造大快船一只，长五丈二尺，宽一丈二尺。"④

顾、乔二委员估计，以上三个部分的工程项目加起来，共需工料价

---

① 《勘建九龙城炮台全案文牍》，第 10~11 页。
② 一说是嘉庆十六年建造，见《勘建九龙城炮台全案文牍》，第 48 页。
③ 《勘建九龙城炮台全案文牍》，第 10、33 页。道光二十年（1840）三月，地方官员曾在尖沙咀建造炮台两座，一名惩膺炮台，另一名临冲炮台，共配炮 56 位，由大鹏左、右两营防守。但一年之后，即道光二十一年（1841）正月，地方官对这两个炮台有意见，认为均不足以御海，命将炮位和弹药运赴并装备新安县城。至于原处的两个炮台旧址，则进行防堵工程，但不久也倒塌了。
④ 《勘建九龙城炮台全案文牍》，第 11 页。

银 26700 两。不过，这三个工程只是硬件，至于如何做出来，需遵循不同的规则。在这个方面，两位委员亦于同日上报的另一份文件中提出了建议。其中的规则，包括了在工委员和其他人员薪水的酌定，一共是每月 126 两，表 1 是他们建议的细目。

表 1　建城人员薪水

职位	人数	月给银（合计）
督工委员	1	50 两
帮办委员	1	30 两
九龙协弁兵犒赏	N/A	20 两
九龙司巡检缉捕费	N/A	15 两
书写工	1	3 两
营兵弓役	8	8 两

资料来源：参考《勘建九龙城炮台全案文牍》，第 23～24 页。

三个委员中，乔应庚知县的角色主要是处理账目，况且公务繁忙，基本上不在九龙寨督工，所以表 1 的"督工委员"和"帮办委员"，很有可能就是顾炳章和袁润业。

两广总督耆英的批示，在建议书呈上的一天之后（即闰五月二十六日）下达给了顾炳章。《全案》没有收录原文，只有顾炳章的响应。从内容观之，耆英批评顾炳章的筹划未够万全和"稍事草率"。对于建快船这个体面工程更不同意，觉得可以"从缓"处理。耆英最大的批评是，委员们没有认真查考白鹤山的"形势来龙"，因此导致了庙署、水池以及城门的坐向全部出现错误。① 若仔细阅读批示内容，以及后来顾炳章所修正的建议书内容，耆英基本上是批评顾炳章在布置城池的过程中，没有参考八卦和风水因素。据知耆英还在批示中附上"图片二

---

① 《勘建九龙城炮台全案文牍》，第 25 页。

纸"(《全案》没有附录），估计就是相关的八卦方位草图。

道光二十六年（1846）六月十五日，顾炳章向耆英呈上新修订的建城建议书。在建议书内，顾炳章首先是报告他督同巡检袁润业，"带同堪舆画士，及匠头量丈人等"，再去九龙，会同当地文武各员悉心查勘，确切考核。经过认真的查勘，顾炳章勾勒出了新建寨城的风水格局，并根据八卦方位来建筑各个城门。

> 九龙寨山势坐北向南，其来龙自东北之虎头山，旋转至西北干方九龙澳，折入坎宫之白鹤山为主山……该山南面临海，东南直对鲤鱼门，水口归于巽位，山水气脉均佳。城寨建于白鹤山南麓之下，北门开于坎宫壬方，南门开于离宫丙方，东门开于巽宫巽方，西门开于乾宫乾方。①

为了镇压风水，顾炳章建议城内的正中位置建武帝庙（即从原来建议中的正北改到正中位置），武帝庙的左首建演武亭、副将衙署、水池和火药局；武帝庙的右首则移建三圣庙（按：不知从何地移建过来）、巡检司衙署。至于兵房，则分建在城内的东北角和西北角。最后，还要在城北白鹤山高坡处添建镇海楼一座，供奉北帝神像，"酌安炮位，以镇风水"，等等。②至于计划修订的费用预算，顾炳章指出，停造快船，可省工料银350两，但移建三圣庙，添建镇海楼并另安炮位等工程，需要工料却是不少，只是一时之间，还未能计算出来而已。③最有趣的是，顾炳章还根据两广总督、广东巡抚、广东提督以及九龙协副将的生辰八字，卜择于该年的十月七日巳时作为兴工吉期，确保万事大吉。④新建议书也终于

---

① 《勘建九龙城炮台全案文牍》，第26页。
② 《勘建九龙城炮台全案文牍》，第27页。
③ 《勘建九龙城炮台全案文牍》，第28页。
④ 《勘建九龙城炮台全案文牍》，第38页。

获得通过，委员获发"铃记"一颗①，兴建城寨的筹建局正式运作。

筹建九龙寨城的捐款都收存在广东巡抚的银库内，建城经费是分批发下来的。综观《全案》，经费的拨支，是存在一套官僚系统内并有从上而下的监督程序。首先是乔知县派出家丁送函广州知府请领，再由广州知府派出家丁送函广东巡抚请领。巡抚批下来后，便由广州知府家丁携带白银回知府官署，转交给乔知县的家丁，再由这位乔知县家丁送到九龙寨城现场的顾炳章手中，支付修城各项费用。如表2所示，建筑九龙寨城一共分了五次拨款，总数是33000两。官僚程序虽然有点烦琐，但好处是每一层的责任清楚，只要官员之间不拖延文件，也可以很快把白银送到九龙寨城工地。如第一次在道光二十六年（1846）十月初二乔知县正式向广州知府进行申领，四日后（十月初六），亦即正式兴工的前一天，该批为数4000两的白银已经安全送达九龙寨城工地。

表2 拨款情况

批次	题请日期	款项解到工次	白银
1	道光二十六年十月初二	道光二十六年十月初六	4000两
2	道光二十六年十一月初一	（不详）	6000两
3	道光二十六年十二月初一	道光二十六年十二月初七	8000两
4	道光二十七年正月十八	道光二十七年二月初四	8000两
5	道光二十七年四月十五	道光二十七年四月二十六	7000两

资料来源：参考《勘建九龙城炮台全案文牍》，第一批：第55~60、第64~65页；第二批：第78~80页；第三批：第106、109、111页；第四批：第124~126、129~130页；第五批：第146、164页。

经费开支之中，笔者比较关心的是究竟筹建局有没有安排资金去处理牵涉其中的民地和民房问题。众所周知，《大清律例》只是刑事法规，但不等于清朝的地方官员不用处理收地问题。虽说"普天之下，

---

① 《勘建九龙城炮台全案文牍》，第53页。

莫非王土",但地方官员若真的无偿地强行收地,容易引起地方骚乱,这是不得不小心的。

首先要解决的是土地问题,顾炳章选择白鹤山南麓离海边三里的土地,其中一个理由便是那儿是"官荒"。① 所谓"官荒",就是未被民间登记的荒地,除了九龙寨城的西面地基,原来有4.5亩竟是来自当地的陈氏族人。乔、顾二人的报告如下。

> 伏查建筑九龙城基,均系"官地"。惟西门一处,用过民人陈泰贤等"山地"四亩五分,当经督同九龙司巡检吊契勘丈明确。缘陈泰贤、陈景一、陈杨祐等兄弟三人,籍隶新安县九龙衙前村,于道光十四年冬间,契买陈观英、陈朝用等祖遗土名九龙洞,下则"民米",税四亩;又土名九龙寨西社,下则"荒地",税五亩五分,共计九亩五分。原价一十四两,递年共应完税银一钱六分四厘、米四升四合。系一契买受。②

首先需要解释何谓"官地"。前述"官荒",就是无人登记的土地,当然若民人登记土地后,便会变成"民地",但若官府占用了那片"官荒",正如这个例子中所说准备用来建筑九龙寨城,便是"官地"。不过,九龙寨城的西门一处,却有一片一早已经在官府登记的"民地"。当"民地"在官府正式登记后,根据不同的用途,便出现不同的名称。在上述的例子中,"山地"是还未进行开垦的山区土地;"民米"是已经开垦种粮的田地;"荒地"则是还未开垦的平地。而在这个例子中,这"荒地"已经有主。不同的名称,再根据土壤肥沃程度分为上、中、下三个等则,都是作为税收的准则。

---

① 《勘建九龙城炮台全案文牍》,第9页。
② 《勘建九龙城炮台全案文牍》,第171页。

回到这个实例，业主陈氏为了证明他们就是这幅地契的拥有人，便向负责建筑寨城的官员呈上了该地的上手红契，亦即他们承买该地时与卖家所立的私人契约，并经官方盖印核准。《全案》还附上了这上手契的抄本，见图2。

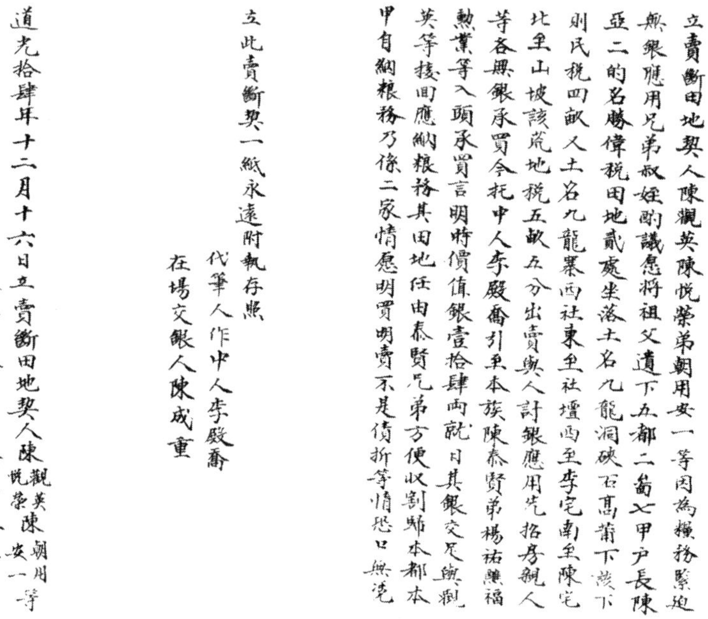

立卖断田地契人陈观英陈悦荣弟朝用安一等因为换务紧迫炤银应用兄弟叔姪酌议愿将祖父道下五都二图七甲户长陈亚二的名膦伟税田地贰处坐土名九龙洞硖石高莆下共二的名膦伟税田肆畞人土名九龙寨西社东至社坛西至李宅南至陈宅北至山坡该荒地税五畞五分出卖与人讨银应用先则民税四畞人土名九龙寨西社东至社坛西至李宅南至陈宅等各照银承买今托中人李殿乔引乎本族陈泰贤杨祐福勋棻等接问应纳粮务其田地任由泰贤弟方便收割踞本都本甲自纳粮务乃係二家情愿买明卖断不是债折等情恐口无凭

立此卖断契一纸永远附执存照
代笔人作中人李殿乔
在场交银人陈成重

道光拾肆年十二月十六日立卖断田地契人陈观英陈悦荣安一等
是年印割入本都本甲的名鑑遵理合註明

图 2　地契

资料来源：参考《勘建九龙城炮台全案文牍》，第186~187页。

这份上手契立于道光十四年（1834），所牵涉的田地共有两幅，共9.5亩，均在新安县五都二图七甲，分别是九龙洞硖石高莆下（4亩）和九龙寨西社（5.5亩）。卖方是陈观英、陈悦荣、陈朝用、陈安一等，而买方是陈泰贤、陈杨祐、陈醮福、陈勋叶等。根据清朝的规定，双方找来一名"中人"（李殿乔）作见证，并且列明买卖金额是白银14两。简单来说，1834年田土的买卖双方均是陈氏村民。经过调查，笔者发现陈氏是当地衙前围村村民，并发现他们的家族记录。根据这份文件，卖家之一的陈悦荣和买家之一的陈泰贤是父子关系。[①] 虽然我们不知内里缘由，但估计是陈氏宗族内不同房系的财产转让。

1846年，顾炳章等委员决定征用陈氏9.5亩其中的4.5亩土地，并做出赔偿。他说："兹因九龙寨西社地方建筑城基，用过陈泰贤等荒地四亩五分，照时值给过价银叁两，所有税粮应请注销，其余剩九龙西社下则荒地税壹亩，并九龙洞下则民米税四亩，共计五亩，仍归原业户陈泰贤等照常管业。"[②] 可见，建城委员在处理收地的问题上，采取了两项措施：一是按照市值做出现金赔偿；二是勾销相关田土的税务。虽然，对于陈氏来说，3两未必是个合理的价钱，若我们以1834年的上手契作为参考，每亩土地的平均值约是1.5两，因此4.5亩土地的价钱应该是6.6两左右。但起码官员是愿意赔偿的，况且，寨城建在旁边，陈氏余下土地应具有很好的升值潜力。事实上，经过这一次收地后，部分陈氏宗族逐渐变卖土地，撤出九龙，到目前只余西贡坑口将军澳村一支，系陈悦荣以下的三房（泰贤、胜贤和学贤）子孙。

委员除了赔偿民地外，对于需要拆卸的民房，即使是建立在官地上，也同意对其拥有者做出现金赔偿。从道光二十六年（1846）闰五月二十五日第一份建议书开始，乔、顾两委员已是这个态度："所勘城基，本属官荒。该地方人民，毋得任意阻挠，其有干碍城基之平民房屋二十余间，兴工之时，例应拆卸，听候印委各员勘验明确，酌给工价，另行移建，以示体恤。"[③] 其实，牵涉的房屋有数十间，都在东南、西南角一带，但约有一半将被圈入城内，可以不必拆除，其余的刚好在施工地基上，不得不拆："内有逼碍城墙基址，必须拆卸之民

---

① 1999年，由于处理香港特区政府收地问题，由衙前围村分支到"新界"南约坑口区将军澳村的陈氏，把族谱的简略本（封面题"新界南约坑口区将军澳村陈泰胜学族谱移来"）送到衙前围村公所，其中一页世系图清楚表明了十八世祖陈悦荣有三个儿子，分别是陈泰贤、陈胜贤和陈学贤。
② 《勘建九龙城炮台全案文牍》，第171页。
③ 《勘建九龙城炮台全案文牍》，第18页。

房约十余间；又两屋相连，拆此废彼应行全拆之民房六七间。"① 到了十月十二日，拆卸的确切数字是"平民房屋十六间，取结在案"，具体的赔偿方案也出炉了。

> 查例载拆卸民房，每间给银二两八钱至五两不等，是应遵照办理。惟念该民人梁兴德等均属贫穷，今酌量从宽，每井旧屋给银五两，每井新屋给银七两五钱，统计银二百五十九两乙钱七分。照依后开条款数目，按户即给发，定限一个月内拆卸净尽。拆落料物，着原业户一并领回，听其择地建造。②

文中的"井"，应该是面积单位。从上可见，官员拆卸官地上的民房给予相应补偿，但该补偿不是受影响的人们应得的，而是出于体恤。虽然如此，这种来自体恤的补偿，又好像是有法例可援的，如上文"查例载拆卸民房，每间给银二两八钱至五两不等"。（按：笔者还未找到原例）另外从引文看到，虽是有例可援，地方官员仍可以自由酌量增添补偿。在九龙寨城这个案例中，当时督办九龙寨城的官员，考虑到居民均属贫穷，于是在这方面的补偿事宜上"酌量从宽"，决定旧屋每井给银5两，新屋则每井给银7.5两，而且业户还可以领回拆卸下来的建筑材料，觅地重建，一个月限期迁走。十一月十三日，顾炳章发现城内东南角和西南角还有四间房屋，虽不在地基，但妨碍交通，决定拆卸。勘察后算得那四间房屋共有面积"七井八尺"（按：一井有十尺），又以既定的标准每井新屋给予拆造工料银7.5两，共赔偿银58.5两。③

不过，官员对以下几项是不做赔偿的。第一类是租住房屋者，顾炳

---

① 《勘建九龙城炮台全案文牍》，第19页。
② 《勘建九龙城炮台全案文牍》，第71页。
③ 《勘建九龙城炮台全案文牍》，第81页。

章说："其租屋居住之人，迅速交清租价，另行搬迁。"① 似乎清朝官员的理由是，房子拥有者投入了建筑资源，因此官员拆卸了他们的房子便应该赔偿，好让他们可以不受损失地觅地重建房屋；但对于租客，则没有这个必要了。第二类不做赔偿的是农作物，第三类是搬迁费用："至砍伐树木菜果及搬屋费用，例不给价。"②

也许在这次清拆民居的过程中，最值得赞扬的是委员们照顾了当时的"弱势社群"。原有要拆卸的民居之中，有一所是"瞽目乞食之人"的居所。当时已经出了拆迁赔偿的细目——11.2 两，而大概是考虑到他们的处境，另加"赏银"15 两，一共是 26.2 两，不可谓不体恤。但顾炳章还是认为，若将房子拆掉，那些盲人拿了赔偿金，也是无家可归："第恐领银之后，各人分派花用，不能另建房屋，殊非久安之计。"于是他决定直接赔偿一个房子，命将原有的赔偿金，雇请工匠，在南门外的左面空地上，兴建一列三间瓦面泥墙的房屋，每间宽十五桁，深一丈七尺，檐高六尺三寸，送给这些失明居民居住。③

总的来说，清朝的确没有一个民典去处理民政事情，不过从这个兴建九龙寨城的案例中，我们还是可以发现，清朝的地方官员，是有一套方法去处理收地和拆屋问题的。简单来说，若是民地，不管如何进行使用，官府直接根据时价做出赔偿，但农作物不作赔偿；若是坐落在官地上的房屋，则按照既定的案例每间给银 2.8 两至 5 两不等，再考虑不同情况，如贫穷和伤残等，增加赔偿金额。不过，对于租客，则不做赔偿。

---

① 《勘建九龙城炮台全案文牍》，第 71 页。
② 《勘建九龙城炮台全案文牍》，第 71 页。
③ 《勘建九龙城炮台全案文牍》，第 73 页。

清末民初幕友的交游网络

——以刘乃勋《一庐全集》为中心

卜永坚[*]

摘　要：刘乃勋（1872～1968），号少弼，斋号一庐，广东广州府东莞县员头山人，继承父亲衣钵，为清末民初两广地区的著名幕友，清朝末代两广总督张鸣岐、民初粤西军阀龙济光等均曾延聘之。从 1904 年到 1934 年，三十年间，刘乃勋佐幕凡十五次，足迹遍及两广。本文利用刘乃勋文集《一庐全集》，分析刘之生平及幕业，探讨其交游网络之开展、社会资本之累积、身份认同之表达。刘乃勋的个案显示，幕友这种中国特有的政治顾问和助理制度，其训练相当严密和专门，其就业颇为自由，其薪酬颇为丰厚。

关键词：刘乃勋　幕友　交游网络

中国官僚制度源远流长，很早就发展出一种受雇于官员却不完全从属于官僚制度的政务助理制度。[①] 这些助理被称为"幕友""幕客"

---

[*] 卜永坚，香港中文大学历史系副教授。
[①] 郭润涛：《官府、幕友与书生："绍兴师爷"研究》，中国社会科学出版社，1996；王振忠：《绍兴师爷》，福建人民出版社，1997。近期研究，参见李志茗《晚清幕府：变动社会中的非正式制度》，上海社会科学院出版社，2018。

或"师爷"（大致分为"刑名师爷"和"钱谷师爷"两类），不仅向官员提供意见，也负责大量的文书撰写工作。19世纪中叶英国驻华外交官密迪乐（Thomas Taylor Meadows）认为，中国这种"幕友"，类似于"我们（英国）的大律师和御用大律师"（our barristers and sergeants-at-law）。[①]

刘乃勋，出生于东莞，清末民初时期活跃于两广，是著名的幕友。刘氏本人颇用心于著述，1924年，于香港商务印书馆印行《一庐存稿》甲乙集，甲集收录其古文、诗词、联谜，乙集收录其晚清游幕时之案牍104篇。抗战胜利后，刘氏返广州，编成蒙学巨作《百日淹通集》38卷。1951年，刘氏撰写《八十自传》万余字，回忆其清末民初游幕经历，并歌颂新中国。两年后，又出版单行本《刘乃勋八十自传》，可视为刘氏自定年谱。此外，刘氏还撰写史事回忆录若干篇，刊行诗文楹联集多种，或单行，或油印。2018年，程中山博士以一人之力，穷八年之功，集其大成，编成《一庐全集》四册80余万字行世。本文利用其2018年版《一庐全集》，探讨刘乃勋之生平及幕业。[②]

一 刘乃勋之生平及幕业

刘乃勋（1872~1968），号少弼，斋号一庐，广东广州府东莞县员头山人。父亲刘泰运，号弼唐，生于道光十五年乙未六月十五日（1835年7月10日），逝于光绪二十四年戊戌十月十三日（1898年11月26

[①] 转引自 Chen Li, "Legal Specialists and Judicial Administration in Late Imperial China", *Late Imperial China*, Vol. 33, No. 1 (June 2012), p. 2.

[②] 刘乃勋原著，程中山、卜永坚编纂《一庐全集》，中华书局香港有限公司，2018。此书，笔者忝为第二编者，实则只有筹募部分出版经费之微劳，至若搜集刘氏著作、编纂书稿、校对文字等艰辛工作，皆程中山博士一人仔肩。刘乃勋后人、香港恒生大学刘可复教授，也大力参与，支持此书之资料汇集及整理出版。有关刘乃勋历年著作之详情，参见《前言》及《〈一庐全集〉整理说明》，《一庐全集》第1册，第21~25、49~51页。

日）。经商河源县，因遇风灾而亏本还乡，河源县知县设宴送行，席间，一位自连州卸任、穷困潦倒的官员田明曜向河源县知县诉苦借钱不遂，转向刘弼唐求助。刘弼唐慨然"罄橐畀田"，然后回乡。数年后，田明曜官运扭转，做到香山县令，感恩图报，聘请刘弼唐为幕友，于是刘弼唐"在田幕中者二十年"。其间，田明曜曾任东莞县令，刘弼唐因为自己就是东莞县人，希望回避，但在田明曜的坚持下，刘弼唐也就"知无不言，言无不尽，地方利弊，多所兴除"，田明曜极为倚重和欣赏之。① 刘、田二人知遇报答的这个情节，与高阳《胡雪岩》内胡雪岩救助落魄官员王有龄，王有龄官运亨通后报答胡雪岩的情节甚为相似。刘弼唐作为商人，破产还乡，居然得到河源县知县设宴送行，还能挤出银两救济另一位破产官员，可见刘弼唐有相当的财力和社会地位，他"纳粟，以同知分省补用"②，捐纳得同知之衔，但此事的时间不详。

刘弼唐游田明曜幕长达二十年，逝世于光绪二十四年（1898），而田明曜从光绪六年至宣统元年（1880~1909），一直在广东做官，历任钦州知州、连平州知州、阳江直隶州知州等职。③ 这样看来，刘乃勋日后游幕两粤，应该得益于父亲的知识传授与官场人脉，可以说佐幕就是刘家的世业。事实上，刘乃勋于同治十一年十月初九（1872年11月9日）出生于香山县署西斋，正是因为当时父亲刘弼唐佐幕香山县令田

---

① 刘乃勋：《先考弼唐府君传》，《一庐存稿》甲集卷一，收入《一庐全集》第1册，第90~91页。
② 《先考弼唐府君传》，《一庐全集》第一册，第91页。
③ 据中研院历史语言研究所汉籍电子文献资料库（http：//hanchi. ihp. sinica. edu. tw/ihp/hanji. htm）《清实录》检索所见，田明曜于光绪六年至十六年（1880~1890）为钦州知州，光绪十八年（1892）为连平州知州，光绪三十三年至宣统元年（1907~1909）为阳江直隶州知州，详见《德宗实录》卷110《光绪六年二月廿一日》、卷187《光绪十六年六月一日》、卷316《光绪十八年九月二日》、卷571《光绪卅三年三月十三日》、《宣统政纪》卷16《宣统元年六月十八日》。又，该《清实录》电子文库，系中研院史语所根据1986年中华书局缩印伪满洲国国务院1936年发行《清实录》制作而成。

明曜①，可见刘乃勋是生于"幕中"。刘乃勋是刘粥唐第五子，长大后攻举子业，"县府试多列前茅，惟学院试五次被黜"，遂于光绪二十一年（1895）到广东博罗县衙门，从父执张功山研习作幕学，读《大清律例》，学刑名判牍，部署科举之外的出路。四个月后，正值院试之期，刘乃勋再度应试，考取第三名，但因为复试之日，携带洋银五元以备购买试卷等之用，被指意图行贿，于是第六次院试"亦复黜落"，刘乃勋日后有诗自嘲曰"逐客又为门外汉，误人原是墨西哥"，"墨西哥"就是清末流行于华南的墨西哥银圆。经此打击，刘乃勋遂绝意科举，光绪二十四年（1898）七月，投奔冯镜芳这位广西候补知县麾下，办理书启工作，从此走上幕友之路。②刘乃勋为何得到冯镜芳青睐？程中山指出，是因为刘乃勋有一位"读律同学"冯仲盘，冯仲盘的父亲正是冯镜芳。③很难想象在刘乃勋投奔冯仲盘父亲冯镜芳一事上，冯仲盘会不提供帮助。冯仲盘的确是刘乃勋的好同学，日后还继续帮助刘乃勋的事业发展，详见下文。

从光绪二十四年（1898）七月开始，刘乃勋作为冯镜芳幕客，追随冯于郁林、桂林、濛江、陆川之间，凡五年零一个月。④在此期间，刘乃勋随冯镜芳在郁林州办理"厘卡"（征收厘金的关卡）事务时，得到当时郁林州衙门幕客汤松士（名恒涛）的赏识，"邂逅见知，罗致门下"，刘乃勋成了汤松士的学生。光绪二十九年（1903）八月，汤松士入佐广西按察使刘心源之幕，招请刘乃勋来桂林，传授幕学。刘乃勋遂辞别冯镜芳，间接进入广西按察使刘心源之幕，待遇有所提高。可惜汤

---

① 刘乃勋：《八十自传》，《一庐文稿续编》，收入《一庐全集》第 2 册，第 41 页。
② 《八十自传》，《一庐全集》第 2 册，第 41 页。
③ 程中山：《前言》，《一庐全集》第 1 册，第 9～10 页。
④ 《八十自传》，《一庐全集》第 2 册，第 41 页。按：刘乃勋说自己"馆其（冯镜芳）家六年"，但是，从光绪二十四年（1898）七月投奔冯镜芳算起，至光绪二十九年（1903）八月应汤松士之邀抵达桂林，应该只有五年零一个月而已。

松士当时已患重病，并于光绪三十年（1904）正月辞世。① 刘心源希望刘乃勋接替汤松士工作，但刘乃勋认为自己水平不够，"不敢以幕内学生，一跃而珥笔于全省刑名之总汇"，遂于是年四月应柳州府马平县令向淦之邀，成为马平县衙的刑钱幕客，谁知到达马平十三天后，当地发生兵变，乱党围攻衙署，刘乃勋得家仆文高救护，仅以身免，文高却不幸遇害。是年十二月，桂林府西陲的永宁州知州吕鉴熙聘刘为刑钱幕客，刘颇以"山州修菲"为嫌，幸吕鉴熙欣赏刘的才干，提高其待遇，刘遂佐吕幕凡八个月。② 从光绪二十九年（1903）八月到光绪三十一年（1905）八月，刘乃勋先从冯镜芳幕进入广西按察使司幕，但因老师汤松士之逝世而降入马平县衙门幕，遭遇叛乱，几乎性命不保，随即蛰伏桂林、柳州两府交界的边鄙山区永宁州衙门，这一时期可以说是刘乃勋佐幕生涯大起大落的阶段，但之后就渐入佳境了。

光绪三十一年（1905）八月，刘乃勋应桂林府知府欧阳中鹄（欧阳予倩祖父）之聘，辞别永宁州，进入桂林城，成为桂林府衙的"属案幕客"，不久又兼"谳局幕客"。光绪三十二年（1906）十二月，欧阳中鹄调署梧州府，翌年（1907）二月，又调署平乐府，刘乃勋都以欧阳中鹄幕友身份紧紧追随。光绪三十四年（1908）四月，刘乃勋受广西巡抚张鸣岐之聘，成为张之"文案幕客"，标志着刘乃勋幕业更上层楼。宣统二年（1910）七月，张鸣岐入京述职，刘乃勋亦追随入京，张鸣岐回西安省墓，安排专人送刘乃勋回广东，途经上海，"徜徉于花天酒地者二十日，……亦可算穷措大一生之豪举"。张鸣岐不久获授两

---

① 刘乃勋：《挽汤松士先生恒涛》自注，"勋以书记游郁林厘卡。先生时襄郁林州幕，邂逅见知，罗致门下。越六年，先生改就广西按察使幕，电召来省，丰贻菽水，俾习申韩。半载追随，春风邈渺。"载原刊于1964年的《一庐楹联》，收入《一庐全集》第3册，第21页。程中山指出：此挽联原载1924年出版之《一庐存稿》甲集，但并无自注。
② 《八十自传》，《一庐全集》第2册，第42页。有关文高的身世及其遇害情形，见刘乃勋《文高哀辞》，《一庐存稿》甲集卷一，收入《一庐全集》第1册，第100~101页。

广总督，十二月抵广州，刘乃勋继续担任张之文案幕客。① 这时，反清革命运动风起云涌，宣统三年（1911）三月二十九日，黄兴率同盟会志士突击两广总督衙门，未能生擒张鸣岐，刘乃勋为贪方便，常在衙署内过夜，但当天放假，因此也逃过一劫。② 辛亥广州起义虽然失败，但6个月不到，即有八月十九日（10月10日）之武昌起义，各省响应，刘乃勋认为清朝气数已尽，遂于九月辞别张鸣岐，仓皇举家避乱香港。③ 这应该是刘乃勋首度南下香港。

刘乃勋首度居留香港的经历并不愉快："挈家香港，囊中只港币一百元，眷属十有三人，以五元赁楼房一间，纵横不及二丈，地布重席，席地坐卧。资用旋罄，悉将家人簪珥，鬻充薪米，居港仍不易也。"④ 因此，他很快移居虎门，投靠友人蒋航。蒋航是广西候补知县，有一定的财力及人脉。民国元年（1912）四月，在四川财政厅厅长梁正麟力荐之下，刘乃勋被广东护军副使龙济光聘为文案幕客。梁正麟不仅不是刘乃勋朋友，甚至可以说是仇人，因为梁之前署理广西灵川县知县，刘正在桂林府幕中，经常驳回梁的判决，"（梁正麟）于余（刘乃勋）固有夙憾"⑤。这样说来，梁正麟于刘乃勋可谓以德报怨。刘乃勋佐龙济光幕期间，正好碰上当时广东都督陈炯明欲剪除龙济光部队，陈炯明把龙部十三营裁撤十营，命龙济光率领剩下三营调防雷州。刘乃勋奉龙济光之命，拟电报稿，发予北京，以"时方多事，劲旅可惜"为由，反对裁兵，请求把龙部调驻广西梧州，由北京发饷供养，此建议得到袁世凯同意。刘乃勋甚为自豪地说："缘余一电，（龙济光）竟得回十有三

---

① 《八十自传》，《一庐全集》第2册，第42页。有关欧阳中鹄生平及其与刘乃勋之过从，见刘乃勋《广西提法使欧阳公传》，《一庐存稿》甲集卷一，收入《一庐全集》第1册，第85~89页。
② 刘乃勋曾为此撰写回忆文章，见其《宣统三年三月二十九日黄兴焚攻两广督署纪实》，《一庐文稿续编》，收入《一庐全集》第2册，第80~82页。
③ 《八十自传》，《一庐全集》第2册，第43页。
④ 《八十自传》，《一庐全集》第2册，第43~44页。
⑤ 《八十自传》，《一庐全集》第2册，第44页。

营,遂赠余银二万元为砚田润。"① 龙济光奖赏刘乃勋二万元当无疑问,但袁世凯应该不是因为刘乃勋一封电报而阻止陈炯明裁撤龙济光部队。袁世凯老于权谋,岂会不懂得收买龙军以牵制两广?日后龙济光挥军入粤,驱逐陈炯明,镇压二次革命,又支持袁世凯称帝,对袁效顺输诚,做到十足,也可见袁世凯收买龙济光之高明。

民国二年(1913)六月,二次革命爆发,陈炯明宣布广东独立。龙济光七月从梧州挥军入粤,陈炯明仓皇出奔,广州遂为龙济光所据。龙部军纪败坏,"粤人至今,衔之切齿焉"。刘乃勋是龙济光幕客,而广州却是刘乃勋桑梓,刘乃勋眼见龙军蹂躏桑梓,万般无奈,只好随龙军进入广州不久,即"留函鹄举,肇庆杜门",跑到肇庆去,至少在地理上与龙济光拉开距离。② 不过,在政治上,刘乃勋仍效忠龙济光。民国三年(1914),刘乃勋的旧日主人、前清两广总督张鸣岐,出任中华民国广西巡按使,力邀刘乃勋入幕。刘乃勋不愿"去龙就张","再四坚辞"。③ 民国四年(1915)五月,西江洪水泛滥,龙济光派出军舰将刘乃勋一家十三口接到广州,正好张鸣岐又调任广东巡按使,再度邀请刘乃勋入幕,"龙都督并有书来劝驾",这句话有点含糊,似乎是龙济光送个顺水人情,赞成刘乃勋佐张鸣岐幕的意思。刘乃勋遂于是年七月入张鸣岐幕。从前清光绪三十四年(1908)四月刘乃勋首度佐广西巡抚张鸣岐幕算起,这是刘乃勋二度佐张鸣岐幕了,时间不到十年,而山河变色,神州鼎沸,刘"顾瞻时局,感喟兹多"④。其后一二年间,政治危机接踵而至,在全国有袁世凯称帝之闹剧及讨袁战争之爆发,在广

---

① 《八十自传》,《一庐全集》第 2 册,第 44 页。对于此事,刘乃勋还另撰《氅作龙军筹笔记》,《一庐文稿续编》,收入《一庐全集》第 2 册,第 76~79 页,颇有几分自我吹嘘味道。
② 《八十自传》,《一庐全集》第 2 册,第 44~45 页。
③ 《八十自传》,《一庐全集》第 2 册,第 45 页。
④ 《八十自传》,《一庐全集》第 2 册,第 45 页。有关刘乃勋一家在肇庆遭遇西江洪水及脱险经过,见刘乃勋《乙卯肇庆水灾记》,《一庐存稿》甲集卷一,收入《一庐全集》第 1 册,第 79~80 页。

东则有陆荣廷、龙济光之火拼,刘乃勋见势不对,就"先辞馆,挈家香港",第二次南下香港避乱。①

民国五年(1916)九月,刘乃勋得到素未谋面的广东潮循道尹黄孝觉的推荐,又从香港北上,成为新任广东省长朱庆澜的文案幕客。朱于刘优礼有加,经常造访刘乃勋位于广州城北周家巷、占地三亩余的寓所,帮助刘乃勋设计"山塘亭榭","命名'一庐'",刘乃勋于民国六年(1917)四月"移家入住"一庐。②刘乃勋日后自号"一庐主人"并以"一庐"命名其著作,就是这番缘故。朱庆澜担任广东省长只十个月,接任者为肇庆土匪出身的肇阳罗镇守使李耀汉,刘乃勋遂从民国六年(1917)七月开始佐李耀汉幕,获李"月送修银一千元"外,更因建言有功而获李"赠余(刘乃勋)港币一万元"。③但一年多后,民国七年(1918)九月,李耀汉在桂系军阀压力下辞职,接替李耀汉的,是其旧部、肇阳罗镇守使翟汪,刘乃勋也就转而佐翟汪幕。此时,桂系军阀与李耀汉—翟汪集团的矛盾继续恶化,民国八年(1919)五月,桂军与翟汪部队在肇庆兵戎相见,刘乃勋早在五天之前就洞烛先机而辞职。④虽然如此,但刘乃勋意识到广州是两广政治旋涡之中心,终非久留之地,又因移居香港九龙城的东莞同乡陈伯陶的邀请,遂于民国十年(1921)七月十二日,将一庐售予南洋兄弟烟草公司股东简孔昭,作价二万零五百元,然后举家移居九龙城,与陈伯陶为邻。这是刘乃勋第三次南下香港了。⑤

刘乃勋第三次居留香港,经历更不愉快,事缘"九龙城水土恶劣,

---

① 《八十自传》,《一庐全集》第2册,第45页。
② 《八十自传》,《一庐全集》第2册,第45~46页。有关刘乃勋购买、修葺、出售一庐的过程及买卖价格等,参见刘乃勋《鬻一庐记》,《一庐存稿》甲集卷一,收入《一庐全集》第1册,第83~84页。
③ 《八十自传》,《一庐全集》第2册,第46~47页。
④ 《八十自传》,《一庐全集》第2册,第47页。
⑤ 《八十自传》,《一庐全集》第2册,第47页;《鬻一庐记》,《一庐全集》第1册,第83~84页。

家人多病"①，民国十一年（1922）六月，刘乃勋与二室叶桂宜所生的"二儿其谅殇逝"②。刘乃勋遂于八月把家人送回广州，但仍独自"旅居香港"。九月，陈炯明秘书、广州市长金章，聘刘乃勋为广州市政府幕客。刘乃勋曾效力陈炯明的敌人龙济光，龙济光民国二年（1913）攻占广州、赶跑陈炯明时，刘乃勋正在龙济光幕中。但陈炯明不仅不计前嫌，还收为己用，刘乃勋十分感激。③ 十月，刘乃勋正式进入广州市政府，佐金章幕。可惜一个月不到，滇贵联军进犯粤境，刘乃勋"遂辞馆，自此脱离政治生活，不再作'等因''奉此'之文章。……十二月，移家澳门"④。从民国十一年（1922）十二月算起，刘乃勋在澳门一住三年，此期间，于民国十三年（1924）由商务印书馆出版《一庐存稿》。民国十五年（1926），刘乃勋与部分家人住在旧日主人李耀汉的香港寓所，"课其群姬诸子读书"，成了李耀汉的家塾教师。十一月，刘乃勋母亲逝世，刘乃勋料理后事毕，于十二月把所有家人都接到香港。⑤ 这算是刘乃勋第四次移居香港。

如果从民国十五年（1926）十二月刘乃勋一家在香港团聚算起，刘家在香港一住六年。刘乃勋民国十一年（1922）末辞别金章时，说过绝意幕业，"不再作'等因''奉此'之文章"⑥。但因缘巧合，十年后竟又重操故业。民国二十二年（1933），李汉魂任广东西北区绥靖委员，聘刘入幕，刘遂于是年"十月，挈家韶关"。此时刘乃勋年过花

---

① 《八十自传》，《一庐全集》第 2 册，第 48 页。
② 《八十自传》，《一庐全集》第 2 册，第 47 页。
③ 因此，陈炯明在香港逝世后，刘乃勋还写了六首诗悼念之，见《八十自传》，《一庐全集》第 2 册，第 47 页；该六首诗之一载《一庐诗集续编》卷七，收入《一庐全集》第 2 册，第 263 页。
④ 《八十自传》，《一庐全集》第 2 册，第 48 页。刘乃勋在另一文章中说自己佐金章幕"仅二十四日"，见《七二自述骈言》，《一庐文稿续编》，收入《一庐全集》第 2 册，第 28 页。
⑤ 《八十自传》，《一庐全集》第 2 册，第 48~49 页。
⑥ 《八十自传》，《一庐全集》第 2 册，第 48 页。

甲，体弱多病，遂于翌年即民国二十三年（1934）辞别李汉魂，"八月挈家广州"。① 从此真正脱离幕业。民国二十四年（1935）七月，刘乃勋五度"移家香港"，一住六年，其间因卢沟桥事变而于民国二十六年（1937）八月从香港移居东莞县城，复于十一月返回香港。民国三十年（1941）末，日军侵占香港，刘乃勋挈家北上逃难，历经东莞、韶关而于民国三十一年（1942）二月抵达连县。② 三年多后，民国三十四年（1945）七月，日本投降，刘乃勋挈家于九月南下广州。民国三十八年（1949）八月，人民解放军占领广州，刘乃勋先于四月避乱垆溪，后于十月返回东莞家乡。③ 刘乃勋的第四子刘其钝则移居香港。1968年1月12日，刘乃勋病逝于广州，享年97岁，归葬东莞家乡。④

二 刘乃勋幕业之分析

刘乃勋于民国三十二年（1943）十月避难连县时，撰写长篇骈文，自述平生"就幕十有五次，居停十有二人"的游幕经历，收入其《一庐年记》中，复于民国三十七年（1948）将该文单独抽出，是为《七二自述骈言》。⑤ 这篇长达9000多字的文章，是刘乃勋对自己幕业的详尽记录。为节省篇幅及方便分析，兹综合《七二自述骈言》《八十自传》二文，将刘乃勋幕业经历列表1如下。

---

① 《八十自传》，《一庐全集》第2册，第49~50页。
② 《八十自传》，《一庐全集》第2册，第50~51页。
③ 《八十自传》，《一庐全集》第2册，第51~52页。
④ 程中山：《前言》，《一庐全集》第1册，第24~25页。
⑤ 《七二自述骈言》，《一庐文稿续编》，收入《一庐全集》第2册，第19~32页。"就幕十有五次"一句，载第29~30页。

表 1　刘乃勋幕业一览

序号	佐幕	时间	备注
1	佐广西柳州府马平县知县向诠（慧生）幕	清光绪三十年（1904）甲辰四月开始，为期13天①	
2	佐广西桂林府永宁州知州吕鉴熙（辑臣）幕	清光绪三十年（1904）甲辰十二月开始，为期8个月	
3	佐广西桂林府知府欧阳中鹄（节吾）幕	光绪三十一年（1905）乙巳八月开始，为期15个月	刘乃勋追随欧阳中鹄凡32个月
4	佐广西梧州府知府欧阳中鹄幕	光绪三十二年（1906）丙午十二月开始，为期3个月	
5	佐广西平乐府知府欧阳中鹄幕	光绪三十三年（1907）丁未二月开始，为期14个月	
6	佐广西巡抚张鸣岐（坚白）幕	光绪三十四年（1908）戊申四月开始，为期22个月	刘乃勋在清朝追随张鸣岐凡32个月，进入民国后也继续追随张鸣岐，详下
7	佐两广总督张鸣岐幕	宣统二年（1910）庚戌十二月开始，为期10个月	
8	佐广东护军副使龙济光（子诚）幕	民国元年（1912）壬子四月开始，为期15个月	刘乃勋前后追随龙济光39个月，其间得到龙济光奖赏二万元
9	佐广东都督兼民政长龙济光幕	民国二年（1913）癸丑七月开始，为期24个月	
10	佐广东巡按使张鸣岐幕	民国四年（1915）乙卯七月开始，为期14个月	这是刘乃勋第三次佐张鸣岐幕
11	佐广东省长朱庆澜（子乔）幕	民国五年（1916）丙辰九月开始，为期10个月	刘乃勋将此三次佐幕经历当成一次计算，合共33个月。此期间，李耀汉曾奖赏刘乃勋1万元
	佐广东省长李耀汉（子云）幕	民国六年（1917）丁巳七月开始，为期14个月	
	佐广东省长翟汪（浩庭）幕	民国七年（1918）戊午九月开始，为期9个月	

① 刘乃勋认为，自己在清光绪三十年（1904）四月受聘为广西柳州府马平县知县向诠（慧生）幕客，是为第一次充任幕客，即所谓"初就"，见《七二自述骈言》，《一庐全集》第2册，第21页。这虽是刘乃勋亲笔，但似值得商榷之处。因为，根据同样是刘乃勋亲自撰写的《八十自传》，从光绪二十四年（1898）七月开始，刘投奔同学冯仲盘父亲、广西候补知县冯镜芳，追随冯于郁林、桂林、濛江、陆川之间，"馆其（冯镜芳）家六年"，实际上是五年零一个月，见《八十自传》，《一庐全集》第2册，第41页。为何刘乃勋不把追随冯镜芳的这段经历当成"初就"？可能因为刘乃勋作为冯镜芳儿子冯仲盘的同学，冯镜芳子侄辈视之，并没有正式延聘其为幕客。

续表

序号	佐幕	时间	备注
12	佐广州市市政厅金章幕	民国十一年(1922)壬戌十月开始,为期24天	
13	佐广东西北区绥靖委员李汉魂(伯豪)幕	民国二十二年(1933)十月癸酉开始,为期10个月	

资料来源:综合刘乃勋《七二自述骈言》及《八十自传》二文,见《一庐文稿续编》,收入《一庐全集》第2册,第19~32、41~55页。

如果以官衙计算,刘乃勋合共佐幕十三次。此外,刘乃勋佐广西巡抚张鸣岐幕期间,也兼佐广西劝业道胡引之幕;佐两广总督张鸣岐幕期间,也兼佐广州府知府志地山幕。刘乃勋认为也可算是另外两次佐幕,如果也算进去,则合共佐幕十五次。如果以官员个人计算,刘乃勋合共佐十二名官员之幕。因此,刘乃勋总结曰"就幕十有五次,居停十有二人"①,时间则横跨三十年,空间则包括两广,难怪幕客的经历会被形容为"游幕"。

"游幕"一词还大有文章可做。刘乃勋的幕业,反映出清末民初幕友网络的灵活和流动。诚如肯尼斯·福尔森姆(Kenneth Folsom)多年前指出,幕友以三种身份周旋于官员身边:朋友、宾客、同事。② 因此,幕客虽然仰食于官员,但人身依附的程度远低于奴仆之于主人、属官之于上司。在极讲究等级尊卑的官场之中,幕友却颇能展示自由与独立。兹分三方面阐述之。

(1)专业的教育、师承、实习制度。刘乃勋先后学律于父亲刘弼唐、博罗县衙门幕客张功山、广西按察使衙门幕友汤松士,可见,正如官员

---

① 这十二名官员分别是:向诠(慧生)、吕鉴熙(辑臣)、欧阳中鹄(节吾)、张鸣岐(坚白)、胡引之、志地山、龙济光(子诚)、朱庆澜(子乔)、李耀汉(子云)、翟汪(浩庭)、金章、李汉魂(伯豪)。《七二自述骈言》,《一庐全集》第2册,第29~30页。

② Kenneth E. Folsom, *Friends, Guests, and Colleagues: The Mu-fu System in the Late Ch'ing Period*, Berkeley: University of California Press, 1968.

可以自由聘请幕客一样，幕客有权在佐幕期间培养幕友人才。刘乃勋又跟随同学冯仲盘父亲广西候补知县冯镜芳若干年，有充分的实习机会。陈利指出，幕友满师一般要三到六年。① 顺带一提，刘乃勋虽终身游幕，但在晚清，有不少著名官员也曾经"起家幕僚"，徐珂在其《清稗类钞》中就说："当代名臣多由辟幕起家，百文敏公龄督两江，林文忠公则徐、陈芝楣中丞銮为幕僚，文敏均许以封疆才，后果不谬。……至如合肥二李之客于曾文正，左、刘二公之客于骆文忠，则尤为表表也。"② 其实刘乃勋也有机会摆脱幕客身份，进入官僚行列，例如宣统元年（1909）两广总督张鸣岐曾表示愿意保荐刘乃勋报捐知府，民国二年（1913）龙济光曾表示希望拔擢刘乃勋为陆军中将，但刘乃勋都拒绝之。③

（2）自由的就业制度。刘乃勋三十年来"就幕十有五次，居停十有二人"，最短13天，最长33个月，详见表1。诚然，这期间不是每次都自由来去，例如佐马平县幕只13天，是因为当地爆发叛乱而中断。但是，整体而言，刘乃勋游幕都是自由来去，官员礼数十足，宾主均相当客气。更能说明问题的是，幕客还能一人同时佐超过一位官员之幕，实在"自由化"得很。

（3）丰厚的薪酬。生于1775年，活跃于19世纪上半叶的松江府人许仲元，以幕友身份游历天下，也曾担任知县，他说："幕友脯修，滇南最腴大缺，或至千金，至简者亦必五百。"④ 云南幕友每年一千两的薪俸，在许仲元眼中，已经极为优厚。但是，如果和刘乃勋相比，则真是小巫。刘乃勋佐龙济光幕期间，获得奖赏二万元，佐李耀汉幕期间，获得奖赏港币一万元。当然，这两笔是特殊奖金，不可寻常视之。民国四年（1915）袁世凯部署称帝，曾"以月修二百元总纂聘书送余（刘

---

① Chen Li, "Legal Specialists and Judicial Administration in Late Imperial China", pp. 14 – 15.
② 徐珂：《清稗类钞》，中华书局，1984~1986，第3册，第1381~1382页。
③ 《八十自传》，《一庐全集》第二册，第43、44页。
④ 许仲元著，范义臣标点《三异笔谈》，重庆出版社，2005，第254页。

乃勋)"①；刘乃勋于民国六年（1917）七月开始佐李耀汉幕，获李"月送修银一千元"②。许仲元时代与刘乃勋时代的货币制度、货币价值确实有重大差异，但刘乃勋时代幕友的薪酬无疑高于许仲元时代。此外，幕友的家属也住在官员的官衙内，刘乃勋本人就出生于父亲佐幕所在的香山县衙。这部分也算是幕友的隐形收入。观乎刘乃勋一生娶妻妾凡四，其父亲刘弼唐同样也是娶妻妾凡四。③ 刘乃勋虽然留下不少牢骚文字，但就物质收入而言，刘氏父子都是游幕有成。

三　结论

刘乃勋的生平及其身份认同，与幕友历史上著名的汪辉祖极为类似。二人都是因为无法循科举制度进行社会攀升而走上幕友之路，因而都有一种自卑情结。④ 二人的幕业均卓有可观，当然，汪辉祖的幕业著作《佐治药言》更广为人知。同时，二人都力图在幕友之外建立新身份。汪辉祖有《元史本证》等历史学著作，刘乃勋也编纂38卷本《百日淹通集》这部兼蒙学及类书于一身的著作，至于诗文楹联之撰写，则更为广泛。可见，刘乃勋力图证明自己是学问渊博的通儒，廉洁自守的君子。反而在幕业方面，刘乃勋删多存少，例如其《一庐存稿》乙集所收之案牍文字，不过2卷104篇，且只及晚清，民国之后者一篇不收。总之，有一点十分清楚：刘乃勋不甘于以幕客自居，正如其《七二自述骈言》结语所云："钟鸣漏尽，应搁笔于钟繇；牍累篇连，仍费词于潘岳。"刘乃勋的个案，应该有助于了解幕友的交游网络及其集体心理特征。

---

① 《氆作龙军筹笔记》，《一庐全集》第2册，第79页。
② 《八十自传》，《一庐全集》第2册，第46~47页。
③ 刘乃勋：《三庶母事略》，《一庐文稿续编》，收入《一庐全集》第2册，第34页。
④ 汪辉祖确实中了进士，但中进士时已45岁。

军代民差：明代贵州的驿站管理与卫所军役

张楠林[*]

摘　要：贵州驿站在设置之初，其驿马、供馆之需基本由附近的府司负责出办，各有定额，"夷民"也应下驿亲身应役。其后，因驿站扰滥严重，困疲不堪，承应之夷人纷纷逃亡，不知所往。于是，地方官不得不将走递之责转加给不断增多的卫所军余，由军舍代役，并在军户中实行编佥之法，将"军代民差"进一步制度化。鉴于各府司额定的、由民户承担的马价钱难以收取，驿马的编派逐渐成为对卫所军户的一种派累，或责令军人朋买，或以卫所操马拨差，或依卫所屯田"随田递马"。直至万历后期实行招募制度之后，贵州这种驿站夫马皆倚办军丁的局面才有所改变。因此，我们可以看出，贵州卫所在以招募、承佃的形式不断地将卫所周边的人口吸纳、整合进卫所管理系统的同时，也使其舍余军丁代承大量民差，弥补了地方官在非汉族地区难以直接控制非汉人群的制度缺陷，在地方制度的实施过程中发挥着重要的作用。

关键词：军代民差　驿站管理　卫所军役　马夫差役

---

[*] 张楠林，中山大学历史学系博士研究生。

明制，天下各役皆"以籍为定"，不准冒乱。^① 就军户而言，每户出正军一名，承担以操守、屯种为主的正役，除此之外，免除绝大部分差徭；每一正军携带户下余丁一名，在营生理，是为"军余"或"舍余"，"不当军差，也免杂泛差役"，^② 其职责仅在于帮贴（佐助正军、供给军装）、听继（替补正军）。

然而，早在20世纪50年代末，王毓铨即研究发现，不仅军余在事实上未曾免役，而且正军也依然要承应正役以外的各种差役，特别是拨种屯田的屯军，"所以卫所屯田正军或军余（余丁）永乐时候就为差徭所累，宣德开始，逐渐加重"，其差徭包括养马、采薪、烧炭、采草、修渠、筑堤、修工事、转输运粮等。^③ 王氏的这一说法在此后的数十年内并未引起足够的重视，多数关于卫所军役的研究依然集中于正军与正役之上。直至20世纪80、90年代，于志嘉先后发表了数篇针对原籍军户、卫所军余应承军役的文章，并在其《明代江西卫所军役的演变》一文中指出，江西军户之军役经历了由简至繁、由正军供役扩大至余丁亦需充役的发展过程，正役与杂役均可由余丁充役。^④ 2007年，张金奎在这一方面有所发展，明确指出"明代卫所军士在承担训练、作战任务之外，还要负担一些杂差"，"至少在洪熙元年以前，卫所舍余已经开始承当杂泛差役"，包括直厅、守门、守监、守库、修理城墙等。^⑤ 至此，关于卫所军户之职责的研究，不管是正军、舍余，还是正役、杂差，都取得了一些关键性的突破。但是，这些研究依然只是从卫所体系自身的角度来探讨军舍的承役情况，这显然是不够的，因为在大多数地

---

① 《大明律释义》卷四《户律一》，收入《明清法制史料辑刊》第三编（1），国家图书馆出版社，2015，第195页。
② 王毓铨：《明代的军屯》，中华书局，2009，第46页。
③ 王毓铨：《明代的军户》，《历史研究》1959年第8期，第31页。
④ 于志嘉：《明代江西卫所军役的演变》，《中央研究院历史语言研究所集刊》1995年第68本（第一分），第44页。
⑤ 张金奎：《明代卫所军户研究》，线装书局，2007，第200~203页。

区，卫所均与州县毗邻乃至犬牙交错，如此一来，军户的军差与民户的民差势必会产生更为直接的关联，乃至出现交叉承应情形。

2008年，温春来在其著作中认为，在贵州赋役改革中，存在"直不可得，役不能免"的弊端，致使"大量卫所士兵成了为驿传服务的苦力"，①简要而极具洞察力。受其启发，本文拟以贵州驿站的管理及其马夫差役的编派为例，回应上述问题。在明代贵州，本应由民户承应的走递、养马之责逐步成为一种对卫所军户的派累，探讨这一过程，或许可以进一步揭示明代相关制度在地方具体实施的过程中军差与民差之间的关系。

一　明代贵州卫所之差役

明朝绝大多数时候，贵州都司保持着下辖十八卫、二守御千户所的建置，其设置时间大致可以分为两个时段：洪武四年至洪武八年（1371~1375）、洪武十五年至洪武二十四年（1382~1391）。洪武八年（1375）以前，贵州地区唯有贵州卫、永宁卫、黄平所，隶属四川都司；随着洪武十五年（1382）明朝平定云贵地区以及贵州都司的设立，在此后的九年时间内，其境内陆续设置了普安卫、新添卫、龙里卫等一系列卫所，明代贵州卫所的总体格局基本形成。

至于贵州卫所军户的差役，检视相关文献，我们会发现存在一种较为矛盾的现象。一方面，军舍的差役确实在不断增加，包括制度内的派拨以及各种非法私役。早在洪武三十五年（1402），湖广镇远州蛮夷长官司长官何惠即上言称，"本境路当云南要冲"，每年需要修治贵州东部地区的清浪、焦溪、镇远三处桥梁，而"所部临诸溪洞，民皆犵、獛、苗、狫，力不胜役"，请求令军民相参修治。②另外，嘉靖十三年

---

① 温春来：《从"异域"到"旧疆"：宋至清贵州西北部地区的制度、开发与认同》，生活·读书·新知三联书店，2008，第71~72页。
② 《明太宗文皇帝实录》卷一三，洪武三十五年冬十月辛亥朔条。

(1534), 时任贵州巡按御史的王杏在其《又议条陈军民利病事略》中罗列了各卫指挥、千百户等官假名科差、私役营伍的种种事项, 此种杂差军徭并无定制, 随差而拨。

> 遇官过则拨围随, 遇站堡缺乏则拨扛抬, 遇公私兴作则拨做工, 遇人情借倩则拨跟用, 遇排门答应则拨火夫, 遇勾摄紧急则拨打手, 遇执持刑杖则拨军牢, 遇守候衙门则拨门禁。每所设有军吏以收放, 每伍设有操吏以派拨, 每屯设有屯吏以催办, 每卫设有总吏以掌管。①

而另一方面, 贵州地方官时常会奏称卫所军士大量逃亡, 如景泰四年 (1453) 正月, 贵州按察使王宪即奏:"贵州卫所、站堡旗甲军人往差逃亡, 十去八九。"② 至此, 我们不禁要问: 在卫所军士大量逃亡的同时, 其承应的差役却在不断增加, 那么, 由谁来承担这些差役呢?

实际上, 军户的逃亡并不一定意味着卫所实际控制人口会相应减少。

首先, 在明代中后期, 贵州卫所在管理方式上有所转变。起初, 各卫所军伍多为江南地区"三户垛充"而来, 在其逃亡、故绝之后, 较为依赖从其原籍军户"清勾补役"。③ 但是, 明中期以后, 鉴于整个国家清军系统的混乱无力, 卫所的缺伍军额已经很难从其原籍州县得到补充, 于是贵州卫所不得不加深对其境内军民户的依赖程度, 包括卫所余丁以及少部分土著苗民、客民等; 从现有材料来看, 在正军逃故之后, 卫所招募食粮客军、余丁操守④, 以及利用苗民、余丁

---

① 王杏:《又议条陈军民利病事略》, 嘉靖《贵州通志》卷一〇《经略》, 收入《天一阁藏明代方志选刊续编》第 69 册, 上海书店出版社, 1990, 第 441~442 页。
② 《明英宗睿皇帝实录废帝附》卷二二五, 景泰四年正月丁卯条。
③ 王杏:《又议条陈军民利病事略》, 嘉靖《贵州通志》卷一〇《经略》, 第 441~442 页。
④ 如, 重安站"原额站军二百二十五名, 故绝, 奉文召募食粮客军、余丁八十七名", 见万历《黔记》卷二二《邮传志》, 贵州省图书馆复制油印本, 1966, 第 487 页。

佃种屯田①的比例的确在逐渐增加。

其次，正如顾诚所言，卫所军户在两三代以后，其祖军后裔在不断增加，"因为多数情况下正军、旗、官不止生育一个儿子，除一般由长子袭替外，次子以下成为舍余、军余"②。就以贵州卫所为例，通过对嘉靖《贵州通志》及万历《黔记》中记载的部分卫所官军数进行统计（见表1），我们可对此问题稍做分析。

表1　嘉靖、万历年间贵州部分卫所城屯站官军数量统计

单位：户，人

	嘉靖年间官军（A）		万历年间官军（B）					
					正军（丁）			军余及
	总户数	总丁口数	总户数	总丁口数	操守旗军（C）	屯种旗军（D）	站军（E）	小计（C+D+E）	军舍妻小（丁口）
普安卫	2956	6998	2956	11900	913	293	463	1669	10231
龙里卫	—	—	1116	5245	1212	247	206	1665	3580
新添卫	2357	21977	2667	4478	888	314	124	1326	3152
平越卫	—	—	1506	7147	266	334	202	802	6345
都匀卫	—	—	1328	21138	960	420	—	1380	19758
清平卫	897	2184	756	2370	285	21	50	356	2014
兴隆卫	1094	3915	1056	1820	1023	0	115	1138	682
安南卫	2486	6892	3486	7896	1201	476	236	1913	5983
安庄卫	—	—	7873	48857	1656	625	418	2699	46158
普定卫	6060	20400	1025	2837	2439	1681	119	4239	-1402
平坝卫	1617	6060	—	8994	2116	615	—	2731	6263
威清卫	—	—	6035	13758	1815	924	294	3033	10725
贵州前卫	2964	6237	2988	8977	2439	1138	—	3577	5400
贵州卫			2316	5397	2833	1120	330	4283	1114
总　计	—	—	35108	150774	20046	8208	2557	30811	119963

注：①表中数据"军余及军舍妻小"一项是笔者以"总丁口数"减去"正军"数计算出来；"小计"一项即正军总数，为"操守旗军""屯种旗军"及"站军"三项相加之和；除此之外，均为文献记载数据。

②表中"—"符号即表示该数据缺载。

资料来源：嘉靖《贵州通志》卷四《徭役》；万历《黔记》卷一九《贡赋志上》、卷二〇《贡赋志下》、卷二一《兵戎志》。

---

① 如兴隆卫"屯军五百名，逃故绝。屯田佃苗民、余丁耕种"，见万历《黔记》卷二一《兵戎志》，第471页。
② 顾诚：《谈明代的卫籍》，《北京师范大学学报》1989年第5期，第60页。

贵州卫所之正军大致可依其军役的不同，分为操守旗军、屯种旗军、站军三种。操守和屯种旗军的主要任务分别为防御操备、拨种屯田；站军则是在"出夫扛抬递送"的军站之中承役的军士，其来源或为罪囚充军，或为卫所派拨。表1中嘉靖和万历年间的"总丁口数"即可视为卫所实际控制人口，包括正军、余丁及其妻小。而A、B两项的数据多被列于贵州地方志中万历二十五年（1597）的"实在""查报"项下或万历三十年（1602）"大造黄册"时所留，应该较为可靠。[1] 正军的逃亡在表格中也有所体现，在建制上本应拥有5000余名旗军的卫所，在万历时期大多数已远不足2000之数（C+D+E），然而，就绝大多数卫所官军的"总丁口数"而言，万历年间与嘉靖年间相比，并无明显下降，部分卫所反而大幅增长。而各卫所"军余及军舍妻小"一项的数据基本较为可观，其总数更是接近正军总数的四倍。这已经能够说明，在贵州地方官不断抱怨卫所正军缺额的同时，卫所实际控制人口（包括余丁）并未减少。

既然有大量余丁的存在，那么在正军缺额的情况下，余丁即在各类军役杂差之中扮演着越来越重要的角色。在以补役、招募、承佃等形式继补正军的操、屯正役之外，余丁也是贵州卫所杂差及民差的主要承纳者。如嘉靖时期普安卫的差役，其"银差额于七所殷实军余内从公佥点认办，其力差于屯田军余内轮拨扛抬，周而复始"[2]。而民差虽名义上编派于各府卫下辖的苗夷民，却往往由卫所卒伍代其承应，究其原因，贵州地方官认为夷人"椎髻鸟言终骇官府"[3]，"顽野不便供需"[4]。其中，驿站的马夫差役可谓此类军代民差的典型。

---

[1] 唯有普定卫的万历年间官军数明确记载是"报存"之数，可能并未经过仔细的查核，数据存在反常之处，其旗、屯、站的正军数之和（4239）远远超过其官军舍余的总丁口数（2837），使"军余及军舍妻小"一项成为负数，不足采信。
[2] 嘉靖《普安州志》卷四《兵卫志》，《天一阁藏明代方志选刊》第67册，上海书店出版社，1961，第27页。
[3] 嘉靖《贵州通志》卷四《徭役》，第290页。
[4] 萧端蒙：《议处驿站六事疏贵州驿站》，陈子龙《明经世文编》卷二八五，中华书局，1962，第3014~3015页。

二 贵州驿站的管理及弊病

明代贵州地区之所以会在马夫差役上实行"军代民差"的制度，与当时贵州所处的地理位置以及驿传管理制度上存在的固有缺陷有着极大的关联。

自元代开始，贵州境内逐渐形成了一条西通滇南、东达湖广的驿道，史称"普安入黔旧路"或"一线路"等。贵州驿站与卫所的紧密联系，应从当时贵州府司、卫所在地理分布上的差异入手进行分析，其卫所衙门"设居冲路"，而府州县司则多处于"山溪深峻之间、林箐蒙翳之处"，① 远离驿道。正如王杏所奏言：

> 走递马匹，所以送迎过往，惟有司有之。贵州通道去处因无有司衙门，每卫设有站堡，以接济扛抬，设有馆驿，以应付马匹。②

因此，在该驿道贯连的十七个府卫治所中唯有普安、永宁、贵阳、镇远为府州衙门，且多设有卫所与其同城而治，其余均为独立建城的卫所。各治所均设有一驿，此外，还有设于府卫治所之外的亦资孔、查城二驿，除地处东部的镇远、偏桥、清浪三驿之外，均为驿、站并存。其设置时间大多在洪武中期以前，部分驿、站甚至早于当地卫所的建设，如"洪武四年……置龙里驿，……二十三年置龙里卫指挥使司"；洪武十七年置威清驿，"二十一年置威清站，隶贵州卫，二十三年置威清卫指挥使司"。③ 此后，偶有革补，至万历时，该驿道上共计有十八站、十九驿。

---

① 王杏：《又议条陈军民利病事略》，嘉靖《贵州通志》卷一〇《经略》，第 441~442 页。
② 王杏：《又议条陈军民利病事略》，嘉靖《贵州通志》卷一〇《经略》，第 441~442 页。
③ 嘉靖《贵州通志》卷一《建置沿革》，第 236 页。

各驿站之间以"亭"为单位计其里程,一亭约十里,有四至六亭不等,然而,实际距离往往更为遥远,多者可达十亭之遥。① 正如明代时人王士性所载,从湖广经贵州进入云南的"晃州至平夷十八站,每站虽云五六十里,实百里而遥,士夫商旅纵有急,止可一日一站,破站则无宿地矣"②。

至于各驿站之功能,贵州卫所系统尚未完备的洪武初年,该驿道上部分设有驿仓的马驿便时常被视为储粮之所,"以给谪戍云南者"③ 或"以备大军行粮"。④ 洪武二十六年（1393）,即规定"凡天下水马驿、递运所,专一递送使客、飞报军情、转运军需等项"⑤,若将其各自的功能作一更细致的划分,则水马驿以迎送官员、文书递送为主,递运所负责转运军需、交接防送逃军囚徒及补役军丁等。然而,因经费短缺,递运所总的趋势是"不断被裁减,到万历时期已裁撤大半"⑥,贵州的递运所系统从未形成规模,仅有的几处在正统年间即被革除,如安南卫尾洒递运所。因此,其递运所的职责也主要由军站履行。

贵州各马驿设有驿丞或管驿千户管理驿务,各站则设管站百户,世袭其职。部分学者将明代驿传的地方管理机构简要地归为布政使、按察使—驿传道—州县—驿丞⑦,并未注意到抚按衙门在驿传制度中起着至关重要的作用。明初,为保证驿递的顺利进行,朝廷制定了一套符验制度,并在洪武二十三年（1390）规定给各布政使司、都指挥使司、按察司及部分边卫发放符验的具体数额,作为给驿的凭证。随后,由于新卫所的设置、藩王的乞请,特别是巡抚、总兵、监枪、守备、兵

---

① 天启《滇志》卷四《旅途志》,云南教育出版社,1991,第163～166页。
② 王士性:《广志绎》卷五《西南诸省》,吕景琳点校,中华书局,1981,第133页。
③ 《明太祖高皇帝实录》卷一八三,洪武二十年七月丁未条。
④ 《明太祖高皇帝实录》卷一八五,洪武二十年九月乙丑条。
⑤ 《大明会典》卷一四五《驿传一》,广陵书社,2007,第2017页。
⑥ 刘文鹏:《清代驿传及其与疆域形成关系之研究》,中国人民大学出版社,2004,第36页。
⑦ 秦佩珩:《明代驿传的组织和管理》,《历史教学》1963年第11期,第41页。

备等官员的增领，全国符验总道数大为增加。再加上"私起关文""贿赂交通"等现象不断，驿传复为疲累。因此，弘治年间，巡抚宣府都御史马中锡"奏请设立号簿于巡抚衙门，以为符券，给付使者，方许入关"，① 无巡抚处则于巡按衙门处查验。将驿传符验的监察权由有符验的各官司统归于抚按衙门，领有符验的官吏如需给驿，还必须到抚按衙门进行挂号。贵州则在位于东、西两侧的镇远、普安二处设有挂号官，以便往来挂号。

至嘉靖三十七年（1558），又行内外勘合制度。由兵部"填给编发"的为"内号"，南京兵部和各处抚按等衙门编发的为"外号"，如此一来，抚按衙门在驿传制度中的事权进一步加重，不仅其挂号之权仍旧，规定"未经两院挂号及填有免号字样，不许应付"②，而且有权编发、收贮、减革勘合牌票，即"各照地方大小，酌量多寡编发收贮，遇有公差员役及境内大小衙门差人，例该应付者，许给一道"，公差勘合需要在上面填写实职实名，以防将其假借。③

然而，在驿传系统的具体运作过程中，这些既定的制度很难一一得到落实，主要原因为缺乏有效的基层稽查机制。将地方上给驿凭证的总核权统归于抚按衙门之后，抚按二官成为为数不多的能够监督符验、勘合使用的官员，但是，在驿传事务上，其往往只能坐镇衙门，进行挂号；万历年间，时任贵州巡抚的郭子章曾抱怨贵州驿务繁重，"盖以极贫极乏之区，当极苦极烦之差，臣日夕挂号，堆案盈几"④。而挂号的效果实难有所保证，多数驿站与抚按衙门相去甚远，给官吏使用白牌、假勘合、买卖符验、夹带私货等留有一定的操作空间；再加之驿丞、管站百户官卑职微，动辄即受鞭挞、勒索之苦，很难与往来的官员相抗

---

① 《明孝宗敬皇帝实录》卷一四三，弘治十一年十一月庚申条。
② 万历《黔记》卷二二《邮传志》，第480页。
③ 《大明会典》卷一四九《驿传五》，第2082页。
④ 万历《黔记》卷一九《贡赋志上·协济》，第413页。

衡，更不用说对其使用的给驿凭证进行稽核，即所谓"势不能抗上以伸法，力不能庇下以自全"①。因此，虽然明代驿传制度屡有变革，但驿传仍然扰滥严重、疲惫不堪。

拥有"一线之路，以通滇蜀"之称的贵州，其驿传之苦更甚于他省，其中又以云南往来给驿最多，因其"孤悬一隅，其所通之道特藉贵州九驿以为往来"。②万历时，贵州巡抚王缉、巡按马呈图在其《移云南协济议》中称：

> 据贵州按察司驿传道呈称，查得贵州驿站万历七年自正月起至十二月终止，应付过云南马二千八百八十八匹，夫二千七百三十一名；本省止用过马一千三百三十七匹，夫一千三百九十一名。以十分为率，在云南用过七分，在贵州止及三分。至于上六卫，西四卫，各驿站不下数千，尽皆云南过客，而本省之用则十无一二。是驿站答应，本省有限，应递云南甚繁。③

类似的统计，郭子章亦曾有过记载。

> （万历）二十九年，子章看得贵州中通一线，实滇出入门户，黔往来居十之四，滇往来居十之五，楚蜀往来居十之一。④

其给驿事项主要包括接待去往京城朝贡的云贵两省土官、运送过往官员的家属和行李、递送军事情报、安置会试应贡诸生、押解充军犯人

---

① 张萱：《西园闻见录》卷七二《驿传》，收入《明代传纪丛刊·综录类》第122册，明文书局印行，1991，第161页。
② 章潢：《图书编》卷四二，清文渊阁四库全书本，子部275，第886页。
③ 万历《贵州通志》卷一九《经略志》，收入《日藏中国罕见地方志丛刊》，书目文献出版社，1990，第423页。
④ 万历《黔记》卷一九《贡赋志上·协济》，第412页。

等，另外，尚有名目众多的扰滥之弊。

例如，云南地方"素产奇货，其石屏、象牙、苏木之类俱系违禁及重难物件"，而商贾虑及雇用挑夫搬运花费过多，往往贿赂过往的使客，浼求夹带，"而贪鄙之徒利贾人之财，遂为容隐，妄称行李，概索军夫，驾托家丁，皆骑驿马；故经过官员有行李八十余扛者，有家属二三十人者"。① 所以，嘉靖时即有歌谣称："纷纷官扛如林集，象牙苏木苍山石。一扛劳军费百金，载尔遥遥独何益。"②

又如，嘉靖三十二年（1553），时任贵州巡抚的刘大直在其《驿传道议处驿站事略》中有言：

> （驿递）虽有前项禁例，然法久人玩，府佐以下，杂职以上，或遣白牌，或洗改批关，或夹带私货，或滥役夫马，以致各驿递、站堡累贫削骨，积惯痛心，困不聊生，遂不畏死。③

贵州"中通一线"的地理位置及其驿传管理制度上固有的缺陷，造成驿站给驿异常浩繁、关文冒滥严重，"络绎使轺，曾无虚日"④。一方面，贵州因此承受着巨大的财政压力，"环黔三十余驿，驿岁费二千金，共六万金"⑤，"是贵州一省军民，其财赋、丁力尽竭于驿站而耗之也"⑥。另一方面，使马夫、挑夫始终处于极苦极贫的境地，"家破丁逃夫不足，前年顾夫鬻儿女，今年应无儿女鬻，担夫渐少官渐多，

---

① 萧端蒙：《议处驿站六事疏贵州驿站》，陈子龙辑《明经世文编》卷二八五，第3014~3015页。
② 陈邦敷：《疮痍歌》，嘉靖《贵州通志》卷一一《艺文》，第481页。
③ 嘉靖《贵州通志》卷一〇《经略》，第445页。
④ 《赠臬金施昱应觐序》，嘉靖《贵州通志》卷一一《艺文》，第468页。
⑤ 万历《黔记》卷二二《邮传志》，第479页。
⑥ 萧端蒙：《议处驿站六事疏贵州驿站》，陈子龙辑《明经世文编》卷二八五，第3014~3015页。

力孤奈尔官扛何？"① 甚者"止因差重，自缢身死"，而更多的则是逃亡或叛乱。②

总之，就贵州的驿传系统而言，不仅官方的往来递送较为频繁，而且多有官员、商人在制度规定之外滥用驿传，造成承役者困苦不堪、纷纷逃亡的局面，因此地方官不得不逐渐将马夫差役佥派于更容易控制的卫所军士。

三 代役的制度化：马夫差役在军户中的编佥方式

贵州驿站基本属于陆路马驿，唯有东部地区的镇远、清浪二处为水马驿，故驿马、马夫的编派是其驿传体系运转的根本。驿站在设置之初，基本上是由附近的府司负责出办马匹以及提供马馆之需，各有定额，"夷民"也应自行到各驿亲身应役。关于其编派马夫的具体材料目前所见不多，唯有嘉靖时巡按御史王杏简略提到："各民世守所遗，刀耕火耨以给，俯仰皆有定业，而税粮、驿馆、马匹皆视其秤数，以为等差。"③ 即按其粮食收成的多少来划定等则，再依此编派税粮、驿馆、马匹等。另外，还有两则形成于清朝的材料，或可稍做参考。

其一，康熙十二年（1673），郑逢元在其编撰的《平溪卫志书》中对平溪驿的设置进行了考释。

---

① 陈邦敷：《疟瘴歌》，嘉靖《贵州通志》卷一一《艺文》，第481页。
② 如"其站堡之军，十逃八九，如普市站原额二百二十四名，止存八名，落台站原额三四百名，止存二十九名，清平站原额三百三十六名，止存二十六名，摩泥站原额二三百名，止存二十九名，余渐逃亡，无从勾补，差役冲繁，疲惫已极。……自嘉靖二十六等年，清平以编马集囤叛，平坝卫以编马据城叛，查城站以编马登山叛，新兴站以编马据囤叛，兴隆卫以编马集囤叛，兴隆站以编马聚众叛，黄平所以编马据城叛，威清卫以编马纠众叛，盖人穷则势所必然"。详见于《驿传道议处驿站事略》，嘉靖《贵州通志》卷一〇《经略》，第445页。
③ 王杏：《又议条陈军民利病事略》，嘉靖《贵州通志》卷一〇《经略》，第441~442页。

明永乐年间，贵州思州府设驿于卫城之东关，谓其路当孔道，便于应答，部选驿官一员管理马政，隶属思州府，专治驿马，则思州府额马头陈思舜等十一名，额马十一匹，张元贞名下驴一头；石阡府苗民司额马头杨秀金、杨秀满、鼓天保、田保民四名，额马四匹，驴一头；镇远府邛水司额马头杨光耀等六名，额马六匹；麻阳县额协济小供马头蒲天朝、滕秉珍、田养维等四名，额小供马四匹。历来各府马头下驿承当，此设驿旧制也。①

平溪驿位于贵州东部，与湖广毗邻，洪武十五年（1382）与湖广船溪、怀化等驿一起增置。②除湖广麻阳县的协济之外，平溪驿的夫马主要由思州、石阡及镇远三府负责，又因其地里远近有所增减，各府所派之驿夫即为"马头"，需"下驿承当"差役。

其二，在咸丰《安顺府志》中引有乾隆年间永宁州训导谢庭熏之言。

永宁州十七马，募役司四马，顶营司二马，沙营司一马，六保枝、阿果枝八十石三马，江外一马，上三马、下三马。其称马者何？明代设查城站，官牧站马，以应站差，即地之广狭，以出马之多少，故谓地为马，今尚相沿称之。③

依地之广狭，定编站马，再将其共当一马之地称为"马"，这在未行里甲制度的土司地区确有其合理性。而以"马"为地名也非永宁州所独有，如普安州龙氏土司即有"十马"之地，遇事则"传齐十马地方把目、头人

---

① 康熙《平溪卫志书》不分卷《驿递》，收入《中国地方志集成》第47册，第297页。
② 至于平溪驿的设置时间，说法不一。弘治《贵州图经新志》载"洪武四年都指挥马烨建"，此说后被嘉靖《贵州通志》、万历《黔记》先后引用；郑氏则认为其设于永乐年间；而最足采信的或为《明实录》所载，平溪驿在洪武十五年与湖广船溪、怀化等驿一起增置。
③ 咸丰《安顺府志》卷六《地理志·疆里》，收入《中国地方志集成》第41册，第89页。

等",有上六马、下四马之分,① 可能的确与驿站马夫的编派有所关联。

此时,贵州夫马差役虽说是由府司下辖的民户承应,却仍与他处有所不同,其仅将走马之责派于土司,再由土司分派人役和钱粮,"查得贵州之驿,非若中原之地,征民间之钱粮买马走递也,又非若他省之马户,有姓名可拘也。旧例俱轮土司走马"②。民户既无姓名可拘,那么编派差役便失去了制度上的依托,一旦"夷民"难承驿夫之苦逃役以后,地方官多无从稽查;洪武十七年(1384),此种现象已较为严重,"近闻贵州、黄平等驿甚为使者所苦,夷人不堪,其后窜入山林者众"③。

在一个苗夷环处之地,不能使"夷人"亲身应役,那么,将驿站走递之责转加给不断增多的卫所军余似乎是势所必然。

> 黔自国初甫入版图,其土民如在缨之鹿,一惟吾所驱。马馆,其旧役也。因一再兴军,羽书旁午,土人苦之,因诡言左衽侏僑不任役,则皆走,不知所往;于是军舍代役。④

军舍代役的核心内容即为"马出于民,力借于军"⑤或"出办取诸夷民,承走代之军舍"⑥。然而,此种承应方式也无法长久稳定地得到实施,随着"道路四通,皇华职贡,不日不月,而冠盖檄驰者贲相望也",驿递中逐渐浩繁的差役,使"出马之土民已怨苍楚,代役之客子竞适乐郊"⑦。于是,地方官开始在军户中编佥马夫,将军代民差进一

---

① 《贵州少数民族妇女问题调查专辑》,《贵州民族调查》卷十二,贵州省民族研究所、贵州省民族研究学会,第318~319页。
② 万历《黔记》卷一九《贡赋志·协济》,第413页。
③ 《明太祖高皇帝实录》卷一六六,洪武十七年冬十月丁卯条。
④ 邱禾实:《新添卫马政记》,道光《贵阳府志》余编卷七《文征七》,收入《中国地方志集成》第14册,第130~131页。
⑤ 万历《黔记》卷二二《邮传志》,第479页。
⑥ 《移云南协济议》,万历《贵州通志》卷一九《经略志》,第423页。
⑦ 万历《黔记》卷二二《邮传志》,第479页。

步制度化，"至于（贵州）卫所军丁，除本等屯粮公务差役外，其帮站、走马、牌夫等项系出编佥，长役者不下五六百人"①。编佥之制始于何时现已难以详考，文献中仅以"代役久，乃有编佥"简言之。

经历张居正对驿传制度的改革之后，明朝大部分地区的驿夫已由民当转为官募，逐渐形成了一个专职化的驿夫群体。②而贵州在这一方面显然要滞后不少，直至万历后期，时人仍在向巡视新添卫等地方的官员抱怨编佥之苦。

> 今天下之所以贡上者，有编审以定户，有条编以定租，未有不问其户与租，止就人丁差次责以重役者。上之所以责下者，有征解以入，有支领以出，未有不征不支，第额赋偿之，不问其逋与不逋者。而编佥实兼之。编佥者，三年一编佥。第曰某户某人应役，某人某岁应轮。主者徇耳目于人，役者听喜怒于上，出入在乎苞苴公行。但今日入案，明日起邮，一乘后期，银铛随至。③

与民户划分等则不同的是，"卫所军户的户等划分，主要依据人丁数量"④，因此，编佥之法单以军户户下人丁之多少为佥派依据，每三年实行一次编佥，各户轮流充役。然而，实际上，因军户的逃亡，"三年一编佥"、轮流充役的制度很难完全得到实施，不少驿夫甚至类似于永充，久不得代，如"朝廷养军为杀贼，遣作担夫谁爱惜，自从少小被编差，垂老奔走何曾息，只今丁壮逃亡尽，数十残兵浑瘦黑"。⑤

---

① 萧端蒙：《议处驿站六事疏贵州驿站》，陈子龙辑《明经世文编》卷二八五，第3014~3015页。
② 耿雪：《从民当到官募：明代陕西驿夫研究》，硕士学位论文，吉林大学，2013，第52页。
③ 邱禾实：《新添卫马政记》，道光《贵阳府志》余编卷七《文征七》，第130~131页。
④ 张金奎：《明代卫所军户研究》，线装书局，2007，第203页。
⑤ 陆粲：《担夫谣》，嘉靖《贵州通志》卷一一《艺文》，第482页。

既然实行军舍代役，就需要给予代役之人相应的报酬，维持其生计所需。然而，虽然代役之人名义上可从政府的赋税收入中获得报酬，但编佥之法"不征不支"，各驿夫应役时所费之银两无处支领，官府仅仅规定他们可以向某些指定的税户领取报酬。所以，时人又言：

> 贵州原设三十二驿，俱系府司出办马匹供馆，各有定额，先年夷民自行应役，其后或以顽野不便供需，乃议佥卫所军余代役，馆谷之资听其自取，始者寨皆充实，民亦富朴，照额兑交，颇为良便，军虽代走，情亦无苦。①

尽管此时在制度上，驿马、供馆之需仍由民户承担。嘉靖《贵州通志》中详细记载了各府司应承办的马驴头数、供馆日数以及铺陈的数量，其中大部分已折银缴纳，每马征银三十两至四十两，每驴价白银十八两左右；而供馆则有"随马答应"者，也有各府司应承固定日数，再以每日用银一二两征银者；唯有部分驿站的铺陈需"夷民自制解驿"。但是，这些出办供需之银并非均由地方有司统一征收，很多时候需要由驿站馆夫、代役军户"自取"，即《贵州通志》所谓"某所应于某司取价，某人应于某户追赔"。②"某司"可能指某个土司，卫所的应役军余应得役银不是由官府统收统发，而是让他们到"某司""某户"去"取价"和"追赔"。

原本在各寨夷民"照额兑交"的情况下，贵州驿站系统的确可以通过"军代民差"的形式顺利运行，而且对于卫所剩余舍丁来说，也不失为其生计模式的一种选择，即"军虽代走，情亦无苦"。然而，自取馆谷这种非官方的取资手段本身含有太多的不确定性因素，可以想见，一旦出现"寨民"逋欠乃至拒绝缴纳驿银的情况，代役的军士很难再"所得

---

① 萧端蒙：《议处驿站六事疏贵州驿站》，陈子龙辑《明经世文编》卷二八五，第3014~3015页。
② 嘉靖《贵州通志》卷四《徭役》，第290~294页。

足偿所费"。实际上亦的确如此，富户、势豪、土官、土舍，甚至是"夷民"均可以各类形式逃避马钱、馆需，逋欠实多，造成代应民役的军户苦累不堪，即"应役在前，追赔在后，势已不堪。而富户善操奇赢，势豪不轻出纳，得少为足，几如久旱逢霖，十谒空回，大类沿门守钵"。①

嘉靖时，因事被贬为新添驿驿丞的陈邦敷作有《养马谣》，其言：

> 边军设为防边计，额外军徭无定制。杂派走递牌儿夫，转输征调门厨隶。养马古是民家差，忍使贫军堕此灾。土舍万顷田，不向公家纳一钱。馆夫下寨收马钱，土官土舍索人事。稍有不遂即支吾，号令传呼寨门闭。及捏虚词巧饬伪，公然不出当官对。白日黯黯生浮云，牢死贫军独何罪。含冤控诉谁作主，官畏土官如畏虎。一勾不到即停牌，碌碌频年自修补。我生不幸生边垠，军代民差如转轮。②

一定程度上反映了当时贵州驿传军代民差、自取马钱的困境。

各府司额定的马价钱难以收取，使得驿马的编派方式不得不有所变更，或责令军人朋买（即数户合买役马），或以卫所操马拨差，或依卫所屯田"随田递马"。至此，可以说本应民户承应的夫马差役已经逐渐成为对贵州卫所军户的一种派累。

嘉靖时，王杏在其《又议条陈军民利病事略》中写道："（驿递）原无派累卫所者，近来过往人员肆行威吓，各官期免一时笞挞之苦，每卫五十百户各责令军人朋买走递马一匹，以备送迎。"每马一匹岁用银约为五十两，各百户所的军人朋买走递马一匹，看似负担不重，然而若考虑到明代贵州卫所正军大量逃亡、缺额，且"军士随伍操练，别无生理"，那么在役的卫军朋买递马实际上是一种不小的负累，"乃竭囊揭债

---

① 嘉靖《贵州通志》卷四《徭役》，第290~294页。
② 陈邦敷：《养马谣》，嘉靖《贵州通志》卷一一《艺文》，第482页。

买养马匹"。不仅如此，朋买驿马之后，还需人丁下驿走递，即"有马即有跟随之役"，正军既身处编伍，则由其舍余子弟"跟随道路"。①

而贵前二卫就规定直接从卫所屯粮中征收部分"递马谷"，用以雇买马匹，"专供背敕骑坐"。万历二十六年（1598），巡抚江东之以"各官侵费"为由，将贵州卫的递马谷裁革，改为以"操马拨差"。②

平坝与威清卫则实行"随田递马"，即依据屯田数额编派马匹，平坝卫"原额随田递马四十匹"，大约每四百亩屯田设递马一匹，又由于"各军于先年陆续诉免一十二匹"，至万历中期仅存二十八匹；递马属卫所之经历司管拨，"帮驿走递"。威清卫以屯为单位，"五十屯田每屯设递马一匹"。二卫额定的递马在万历二十六年（1598）时均被巡抚江东之裁革，改折征米谷。③

直至万历三十多年，贵州驿夫编佥之法才在巡抚胡桂芳等人的奏请之下废除，转行招募制度。就新添驿而言，其额定驿马二十二匹，以"每马匹银八十四两"为准，于新添、大平伐、小平伐、把平、的贡五长官司收取，共银1848两，均摊于田亩之中；由所在地方有司统一征收，"以时支放"，用以购买马匹和招募驿夫。④

总之，"军代民差"在明代以籍定役的制度设计之中是一种较为特殊的承役形式。其初衷在于使驿传系统能够在"苗夷环处"的贵州顺利运转，即由民户出资、军户代走。然而随着驿传扰滥严重、民户拖欠驿银等情况逐渐增多，这种本应"所得足偿所费"的代役方式逐渐转变为带有强制性的编佥，由卫所军户轮流充役。此后，贵州驿传即逐步成为对卫所军户的一种派累，累及舍余的同时，正军也被不断地卷入其中，在正役之外新增帮站、走递之责，这也就是萧端蒙所总结的"（贵

---

① 王杏：《又议条陈军民利病事略》，嘉靖《贵州通志》卷一〇《经略》，第441~442页。
② 万历《黔记》卷一九《贡赋志上》，第417页。
③ 万历《黔记》卷二〇《贡赋志下》，第429~431页。
④ 邱禾实：《新添卫马政记》，道光《贵阳府志》余编卷七《文征七》，第130~131页。

州）卫所户差已兼中土军、民二役"①；而更为重要的是，卫所屯田、操马等事项的管理也因之有所变化。

四 结语

明代贵州的府卫作为外来的行政或军事机构，其所辖之民均属"夷民"，直至明中后期，里甲制度在其境内仍尚未得到普遍实施，如此，如何确保地方制度有效地运行就成为一个不小的考验。贵州"中通一线"，沟通滇、蜀、楚，驿站在地方事务中的地位显而易见，在其设置之初，基本是由附近的府司负责出办马匹以及提供马馆之需，各有定额，"夷民"也应自行到各驿亲身应役。然而，马馆之役本属繁难，加之明代驿递制度缺乏基层稽查机制，驿站扰滥严重，困疲不堪，承应之夷人纷纷逃亡，不知所往。于是，地方官不得不将走递之责转嫁给不断增多的卫所军余，由军舍代役，并在军户中实行编佥之法，将军代民差进一步制度化。另外，鉴于各府司额定的、由民户承担的马价钱难以收取，驿马的编派方式也随之发生变更，或责令军人朋买，或以卫所操马拨差，或依卫所屯田"随田递马"；总之，其已逐渐成为对贵州卫所军户的一种派累。直至万历后期，实行招募制度之后，贵州这种驿站夫马皆倚办军丁的局面才有所改变。

因此，我们可以看出，贵州卫所在以招募、承佃的形式不断地将卫所周边的人口吸纳、整合进卫所管理系统的同时，也使其舍余军丁代承大量民差，弥补了地方官在非汉族地区难以直接控制苗夷民的制度缺陷，在地方制度的实施过程中发挥着重要的作用。

---

① 萧端蒙：《议处驿站六事疏贵州驿站》，陈子龙辑《明经世文编》卷二八五，第3014～3015页。

书　　评

评 William Guanglin Liu, *The Chinese Market Economy*, 1000-1500

韩燕仪[*]

William Guanglin Liu, *The Chinese Market Economy*, 1000-1500, Albany: the State University of New York Press, August 2015.

在中外学界，传统中国经济体系的性质一直是个持久不断的话题，各派观点不一。学界或从生产要素的角度出发，认为传统中国经济的最大特点是地主占有大量土地并以租佃的方式利用土地，这是地主制经济；[①] 或认为传统中国经济以皇权为核心，是围绕皇帝及其派生的各种官僚机构而运行的体系，这是家长制经济；[②] 亦有学者从产权的角度出发，认为市场的交换就是产权的交换，中国经济体系自古以来产权交易频繁，也就是存在繁荣的市场，这是市场经济。[③] 以上是具有代表性的三种观点。2015 年，刘光临教授（William Guanglin Liu）的新著《1000~1500 年中国的市场经济》（*The Chinese Market Economy*, 1000-1500），对这一话题又有新的回应。他将传统中国的经济体系划分时段

---

[*] 韩燕仪，中山大学历史学系博士生。
[①] 王亚南：《中国经济原论》，商务印书馆，2014，第 229~245 页。
[②] 王毓铨：《〈中国历史上农民的身份〉写作提纲》，载王毓铨《莱芜集》，中华书局，1983，第 362~378 页。
[③] 赵冈：《论中国传统社会的性质》，《中国社会经济史研究》1994 年第 2 期，第 1~6 页。

而论之，并提出一个具有冲击力的解释框架，认为宋代的中国是市场经济国家，从宋至明初，中国经济经历了从市场经济体系（A Market-based Economic System）向统制经济①体系（A Command Economic System）的转变。

全书即是围绕这一见解而展开。在前言中，作者巧妙地利用我们非常熟悉的两幅图画，亮出其核心观点。第一幅是宋代著名画家张择端的《清明上河图》，该图往往被历史教科书作为宋代商品经济发展到顶峰的例证。画中展现的是各色人等熙熙攘攘、摩肩接踵，在市场上进行各种交易活动的景象。而另一幅则是明初的《郑和下西洋》，郑和七下西洋往往被视作大明向外邦宣示国力强盛、经济繁荣，然而，郑和出洋所携带的大量精美器物，不是通过市场交换而来，而是朝廷通过行政命令从各种官方手工业机构或者老百姓手中征收而来。刘光临教授认为，这两幅图画显示出宋代和明初市场角色的不同，从宋到明，经济模式经历了从市场经济向统制经济的倒退。

全书分为四部分，共有八章。第一部分是绪论，包括第一、第二两章。第一章作者阐明自己的问题与方法，他追溯了学术界关于唐宋以来中国经济发展的相关研究，包括中国学界的"资本主义萌芽"、日本学界的"唐宋变革"或"明清变革"、加州学派的"江南工业化"、伊懋可的"高水平均衡陷阱"等。而以往学界对宋明经济发展的讨论，往往都根源于两种理论模式。一种模式是中学教科书中叙述得最多的模式，该模式以马克思主义政治经济学为指导，强调劳动价值和生产力的决定作用，认为宋代是中国商品经济发展的顶峰，而明代初年，由于朱元璋实行招抚流民、轻徭薄赋、劝课农桑等一系列鼓励农业生产的政

---

① 在《市场、战争和财政国家——对南宋赋税问题的再思考》一文中，刘光临教授将朱元璋创立的经济体系称为"统制经济"，因此笔者借用这一翻译。见刘光临《市场、战争和财政国家——对南宋赋税问题的再思考》，《台大历史学报》2008年第42期，第221～285页。

策，农业生产力得以提高，经济得到恢复和发展。另一种模式则以马尔萨斯的人口论为指导，认为过度的人口增长将导致经济停滞、人民生活困苦，而历经元末战乱之后，明初人口大量减少，劳动力的边际生产力得以提高，经济得到恢复和发展。刘光临教授认为，以上两种解释模式实际都属于供给决定论，而他把需求纳入考虑视角，利用宏观经济分析、运用计量方法对宋至明初经济的变化进行论证。不过，计量方法的使用需以数据史料的可靠性为前提，因此，作者在第二章详细考察了传统中国历代的经济数据，并得出结论，认为宋代和明初的经济数据都具有可信度，宋代数据可靠的原因是国家财政主要依靠间接税，经济数据不为税收服务，因此官员没有谎报数据的动机，而明初数据具有可靠性则是由于朱元璋时代强大的政治动员力而造就的统计能力。

在确保宋至明初的经济数据可以利用之后，作者从人口增长、城市化、土地面积、贸易、水道运输、货币供应、税收、物价、实际工资等这些评判市场发展的要素入手，分别考察了宋代至明初的市场。

第二部分主要立足于宋代展开讨论，由第三、第四两章组成。第三章讨论宋代的货币经济，作者借助商业税收数据重建宋代的市场规模，指出1077年国内长距离贸易和城市市场规模达到1亿两，1381年国内贸易总额为530万~858万两，而蒙古入侵之后，国内经济由盛而衰，明初的统制经济体制更使得市场规模大为萎缩。第四章讨论宋代的贸易和水道交通，作者指出，宋代从南至北有七条主要水道，内河水运系统发达，运输成本得以降低，加之中央的商业政策鼓励，促使贸易发展迅速。

第三部分侧重于明代，包括第五、第六两章。第五章讨论明初的人口、城市消费、货币供应、水道交通和贸易。作者指出，13世纪的蒙古入侵给原有的经济造成致命打击，历经战乱之后，明初人口大量减少、城市消费下降，而实物财政系统的建立，使得货币供应减少，与此同时，水道交通萎缩，国内贸易也受到限制。第六章讨论物价、实际工资和国家收入,作者对比数据史料指出,明初的物价低于宋代,财政收入低于宋代,并以士兵收入为例,说明明初的实际工资水平也低于宋代。

第四部分包含第七、第八章,作者将视角转向学界讨论最多的江南地区,聚焦于民众的生活水平。作者以该地区作为例证,分析各种人口、土地、产量数据后,指明从宋代到明初农民实际收入减少,生活水平下降。

在结论部分,作者总结其核心理论,认为宋代中国是一个市场经济国家,蒙古入侵使得经济由盛转衰,而明朝建立后,朱元璋建立了统制经济体制,使得宋代的市场经济体系倒退到统制经济体系。直到16世纪之后,伴随着物价的复苏,具有活力的市场经济才重现苗头。与许多传统研究者认为16世纪的经济发展史无前例不同,作者强调16世纪的经济发展其实是明初统制经济崩溃之后,市场在宋代的基础上的复苏,由此凸显了11世纪宋代经济体系在中国历史上的意义。

刘光临教授在证明数据可靠的前提下,利用庞杂的经济史料,并把它们纳入宏观经济分析模型之下,由此提出宋明经济转向的解释框架,充分体现其史料运用功夫和理论建构功力。而这种功夫很大程度上得益于作者所受的学术训练。他早年受教于北京大学历史系,后远赴美国哈佛大学,跟随经济史学家珀金斯攻读博士学位,这样的教育经历使得作者不仅熟悉国内传统史学方法,对国外经济理论也有深刻的了解,因之他往往可以透过传统经济史料架构出解释框架。这种研究方式不仅体现于本书中,还体现在他的其他论文中,例如在《市场、战争和财政国家——对南宋赋税问题的再思考》中,他将南宋定义为财政资本主义国家,而明朝则是对宋代模式的反动。①

然而,我们在肯定其深邃的社会科学思维、沉浸于其所建构的体系

---

① 刘光临:《市场、战争和财政国家——对南宋赋税问题的再思考》,第221~285页。

之同时，也应该抱有相应的审慎与进取态度。显然，与不少经济学家的经济史研究不同，刘光临教授的研究相当重视历史资料的语境和内涵，不是一味以数据去建构模型与推演结论。不过，如一些学者所言，我们不应该被过于强化的现代社会科学知识所误导，不自觉地剪裁历史以适应理论，某些历史现象，表面可能像某些理论所归纳的情形，但是真正归之于某个理论，则还需更多的深入研究，发现其内在关联与逻辑。①也就是说，社会科学理论对包括经济史在内的历史研究，最重要的是其分析方法和分析性意义。从这个角度出发，该书作者对于宋代的市场经济、财政资本主义的论断，似乎可以做得更加稳健。另外，不管是国家财政性质之转向，还是经济性质之转向，都必然伴随社会各个方面的巨大变化。而这些变化往往不能为经济数据所完全体现。如果能够让读者看到在不同的经济和财政体制之下，宋明社会各个层面的真正差异，所谓的市场经济向统制经济之转向、财政资本主义向财政保守主义的转向才更加具有实质的分析性意义。除此之外，值得深入的问题是，作者将宋代经济定义为市场经济，那么宋代是怎样的"市场经济"，其市场如何运行、如何配置资源？其市场竞争模式或者垄断模式如何？权力在市场运作中扮演着怎样的角色？只有回答这些问题，我们才能更好地理解作者所言的宋代"市场经济"，并在理论层面走得更前沿、更具解释力。

---

① 包伟民：《再论南宋国家财政的几个问题——答刘光临君》，《台大历史学报》2010 年第 46 期，第 177~229 页。

评 Giorgio Riello，*Cotton: the Fabric That Made the Modern World*

王雪莹[*]

Giorgio Riello, *Cotton: the Fabric That Made the Modern World*, Cambridge, Cambridge University Press, 2013.

2013年，英国华威大学（The University of Warwick）全球史教授乔吉奥·列略（Giorgio Riello）出版了一部引人入胜的著作 *Cotton: the Fabric That Made the Modern World*，书中还收录了很多精美的棉纺织品图片。一经出版，该书便引起了各地学者的关注。[①] 该书的中文版《棉的全球史》也于2018年由刘媺翻译出版。[②] 作者将第一次工业革命重新放到一个长时段、全球的发展背景之下进行考察，认为工业革命是现代世界转变的结果，而非开始。工业革命发生并导致东西方大分流的原因是棉纺织品的生产与贸易结构的转变。

---

[*] 王雪莹，中山大学历史学系博士生。

[①] 英文评介参见 Hahn, Barbara, in: *Agricultural History*, Vol. 89 (Winter 2015), Issue 1, pp. 119–121; Andrew C. Baker, in: *The South Carolina Historical Magazine*, Vol. 116, No. 2 (APRIL 2015), pp. 158–159.

[②] 该书中文版被译为《棉的全球史》，译者强调了作者的全球史视角。但在译本中，作者在尾注中与学人的对话、探讨被省略，颇感惋惜。〔意〕乔吉奥·列略：《棉的全球史》，刘媺译，上海人民出版社，2018。

一 对亚洲、中国经济发展的反思

19世纪，亚洲逐渐沦为欧洲资本主义国家的殖民地、半殖民地，人们普遍认为，生产领域中蒸汽动力大机械的使用极大地提高了劳动生产率，使得欧洲国家对外倾销成为可能。而这样一种对土地、劳动力、生产器械及技术进行投资的规模化经营方式，能够帮助欧洲国家快速积累资本，并投入再生产当中。亚洲的研究者开始反思，自己国家为什么在19世纪到来之后落后于欧洲？以中国为例，五四运动以来，学者、学生认为正是落后的封建制度、封建思想导致了中国最终沦为半封建半殖民地社会。1949年以后，中国学者们同样在热烈地讨论"五朵金花"的重大问题。① 从理论上看，资本的原始积累包括土地所有制、自由劳动力以及资本三个基本要素，即强制将劳动者与其耕种的土地相分离，土地集中在少数人的手中，从而产生了大量自由劳动力，并且财富向少数人手中集中。那么中国为什么没能够出现这样一个资本原始积累的过程呢？学者们对中国封建社会、封建土地所有制以及资本主义萌芽的问题展开了热烈的探讨。

通过对史料的挖掘和对西方理论十分细致的分析和理解，学者们从晚清民国时期盲目否定传统社会制度的风潮当中走出来，发现中国传统社会有着自己的运作逻辑。傅衣凌先生认为，中国传统社会从经济成分上看奴隶制因素、地主制因素、自耕农经济成分、原始村社制等多种经济因素长期并存；国家政权体系下的公权和乡族势力控制下的私权，两者相互冲突又相互利用；国有经济、乡族共有经济和私有经济长期共存。这些因素的多元化，形成了中国传统社会"既早熟又不成熟的弹

---

① 朱春龙：《"旧史家"与"五朵金花"的讨论（1949~1966）》，《史学理论研究》2015年第2期，第22~23页。

性特征"。不论是内部生产技术水平的提高,还是外部环境的变化,这个结构总能以不变应万变,通过改变表层结构以适应这些变化。① 所以,一旦将理论放到历史事实当中,多种要素总是同时存在,于是便出现了黄宗智所言的"停滞的经济与商品化同时存在、自然经济与市场同时存在"的悖论现象。② 吴承明对市场的研究更试图进一步说明,中国传统社会中的市场亦非资本主义逻辑中的市场。虽然粮食和棉产品都进入市场进行交易,并成为市场中主要的交换商品,但由于农耕结合的生产方式,粮食贸易和棉布贸易并非不同生产者(为贸易而生产的手工业者和只耕作的农民)之间的交换,因而这样的交换"无异于小农业与家庭手工业在市场上的结合"③。

继而,彭慕兰在《大分流》当中提出19世纪以前中国与欧洲的生产水平、生产组织方式是十分接近的,甚至于略优于欧洲的观点。④ 这个观点可以说对中国、对亚洲学界是振聋发聩的,后来的学者开始更多地关注中国、亚洲本身的贸易逻辑。⑤ 彭氏认为,19世纪以前中国、欧洲最先进的地区(国家)分别是江南和英国,从经济实践与生活水平来看,双方具有很大的相似性。双方均呈现"勤劳革命"的市场取向,以及斯密式的经济增长方式。因此,双方同样面临着人口增加可能带来的马尔萨斯危机。随着欧洲殖民地的开发,美洲成为英国原材料的供应地,大大缓和了欧洲的人地矛盾。英格兰煤炭的开采、蒸汽机的使用,使得英国从人力劳动转向无机能源动力主导的生产方式。原料产地的迁

---

① 傅衣凌:《中国传统社会:多元的结构》,《中国社会经济史研究》1988年第3期,第1~2页。
② 黄宗智:《中国经济史中的悖论现象与当前的规范认识危机》,《史学理论研究》1993年第1期,第48~50页。
③ 吴承明:《中国资本主义萌芽概论》,《中国资本主义与国内市场》,中国社会科学出版社,1985,第164页。
④ 彭慕兰:《大分流:欧洲、中国及现代世界经济的发展》,史建云译,江苏人民出版社,2003,第130~131、253~254页。
⑤ 转引自吴承明《西方史学界关于中西比较研究的新思维》,《中国经济史研究》2003年第11期,第3~4页。

移和机械动力的运用,两者影响下形成的工业革命,开启了欧洲与中国的"大分流"。① 彭氏的研究引起了学者们对东西方比较研究的讨论,也有学者更进一步探讨东西方贫富差距拉大的原因。②

二 棉与棉纺织品在全球经济发展中的影响

或许在印度也会和中国一样,从全面否定到重新审视本国的社会经济制度。乔吉奥·列略关注到了亚欧之间棉纺织品生产、贸易与消费过程中的一些差异与变化,并完成了他关于"棉的全球史"的专著。

作者重提"大分流",却与当今亚洲迅速发展产生的"合流"讨论相关。他通过整理中国和西欧的GDP指数发现,1820~1973年,中国与西欧的指数差距在不断拉大,也即彭慕兰所提及的"大分流"时期;但1973年之后,中国的GDP指数迅速上升,西欧的GDP指数上升平缓,开始出现"合流"的趋势。在这样的大背景下来看棉纺织业的发展,作者提出了这样几个问题:为何最核心的棉花种植、棉布生产地,在18世纪从印度转移到了欧洲,并在欧洲成为工业革命的主要推动力?棉纺织业生产力的提高就必然能迅速打开棉布的消费市场吗?明明欧洲借棉纺织品生产开始了产业化改革,获得大量财富,与亚洲分道而行,但为何时至今日棉纺织品最好的生产地还是在亚洲,特别是印度?为了说明这些问题,乔吉奥·列略将全书分为三个部分讨论。首先,"第一次棉纺织革命:一种离心体系",也即传统的棉纺织贸易体系。这是一个以印度为中心,多个子贸易区所连接而成的离心贸易体系。其次,"学习和联系:棉的全球化",描绘了欧洲人从进入印度的离心贸易体系,开始接触、运

---

① 彭慕兰:《大分流:欧洲、中国及现代世界经济的发展》,史建云译;史建云:《重新审视中西比较史》,《近代史研究》2003年第3期,第199~201页。
② Tirthankar Roy, book review: *Why Europe Grew Rich and Asia Did Not: Global Economic Divergence, 1600 – 1850* (written by Prasannan Parthasarathi, Cambridge University Press, 2011).

销、仿制棉纺织品，改进生产技术，提高产品质量，到寻求产品原料市场，将棉纺织品带到所有大洲成为全球化商品的过程。最后，"第二次棉纺织革命：一种向心体系"，也即最终产生的一个以欧洲（英国）为中心，统一生产、销售，甚至确立单一时尚标准的向心贸易体系。

作者认为，以棉织品为中心的全球性贸易，经历了从离散体系向向心体系的长时段转变。早期的离散型体系，是一个以印度为中心，通过多个分散的交易城市转口，最终完成贸易过程的远距离贸易体系。印度工匠以手工生产为主要生产方式，商人可以通过中间商向工匠定制需要的图案、色彩，进行间接的交易。印度的工匠们所生产的棉纺织品制作精良，设计与色彩多样化，为世界各国、各地消费者所喜爱。印度本地又有不同的生产导向，西海岸古吉拉特邦附近主要生产相对廉价的棉纺织品，而南海岸以及孟加拉一带，则主要生产高档棉纺织品。如此多种多样的棉纺织品，可以被不同国家的消费者作为高中低档商品使用，并不影响各国、各地本土棉纺织品的生产和销售。

早期的欧洲商人，特别是葡萄牙、荷兰商人，为了获取香料而来到印度洋地区。他们逐渐发现，在爪哇等香料产地，只有用印度棉布才能换取香料。于是，欧洲商人开始接触到棉布贸易，也会将一些色彩鲜艳的棉布带回欧洲销售。但欧洲的消费者更习惯白底彩花而不是彩底白花的布料，棉布在欧洲早期的销售额也十分有限。商人们在欧洲推销"异域"文化，向印度工匠定制白底彩花图案棉布抑或购买白色棉布回欧洲自行开发铜板（滚铜）印染技术。在商人们的努力之下，欧洲的棉布消费者们开始逐渐多了起来。这使毛纺织业从业者们感到了威胁，他们要求政府保护内部毛纺织业的发展，颁布售卖除平纹细布和蓝色棉布之外印度棉布的禁令。但禁令反而促使了欧洲本土印染和仿制技术（以棉线为纬、麻线为经的棉麻布，品质远不及印度棉布）的发展。随着机械仿制的进行，只要有足够的原棉来源，英国可以生产出大量廉价的棉麻布。新大陆的发现，给英国带来了稳定的原棉来源。在非洲，人们也有消费棉布的需求，甚至可以用棉布交换奴隶。因此，英国将转口的印度棉布、在英国后期印染加工的印度棉布，以及英国自产的廉价棉麻布运到非洲交换奴隶。然后再将奴隶运到美洲耕种棉花，最后再将原棉运到英国进行生产。

由此，经过17世纪欧洲人对亚洲商贸过程的了解以及对棉纺织、印染技术的学习，18～19世纪的向心体系初步形成。这是一个以欧洲（英国）为中心，通过欧洲贸易公司将亚洲技术、非洲劳动力、美洲原材料与本地加工、生产相结合，再通过政治、经济手段进行销售的远距离全球贸易体系。在这个体系基础之上，欧洲人通过投入大量的资本和知识，改进生产技术以提高棉纺织品的质量，开发大机器进行生产增加产量，促进了棉纺织业的工业化进程。由此产生的价格优势，以及欧洲商人所提倡引导的时尚与审美的统一标准，开始影响亚洲等地。同样的棉布质量，却有着更大价格优势，欧洲的棉纺织品因此得以进入亚洲市场，甚至影响亚洲传统棉纺织业的发展，导致了中西方的分流。印度、中国的传统棉纺织业多以分散的农户生产为主。随着小手工业向工厂生产过渡，印度和中国与西方拥有了相同生产技术时，中印两地的劳动力优势开始凸显。棉纺织中心重新向亚洲转移，东方经济迅速发展，最终东西方开始重新合流。

三 棉：一种塑造近代世界的纺织品[①]

乔吉奥·列略叙述的棉纺织品在全球生产、贸易与消费的过程，向我们展现了市场贸易体系在19世纪发生的转变，并且将我们的目光引入了欧洲进入之前的市场贸易体系当中。施坚雅的研究向我们展示了一

---

① 此标题为笔者将 *Cotton: the Fabric That Made the Modern World* 直译而来，用以强调棉纺织品在近代世界市场体系变迁过程中的重要性。

个具体区域当中市场层级在现代商业化发展过程中的变迁。传统时期，随着人口的增长、村落的增加，会形成新的基层市场；但随着现代商业化的发展，农产品商品化，交通设施及运输工具不断改善更新，农民可以十分便利地到达中间市场甚至是中心市场时，反而导致基层市场消亡与高层市场范围的扩大。① 如果说施坚雅研究的是一个小维度的市场体系变化过程，那么珍妮特·L. 阿布—卢格霍得的研究，向我们展现出一个更大维度的市场结构。她提出，欧洲人建立他们的市场霸权之前，世界存在多个亚体系所构成的总体世界体系，它们通过城市之间频繁的交易在运转，直到欧洲人建立他们的世界市场。②

乔吉奥·列略对其中一个亚体系，即以印度为中心的贸易体系展开研究，试图说明这个分散体系被破坏其实花了较长的一段时间，很大程度上与传统生产组织的分散性、独立性密切相关。欧洲人试图学习印度人的纺织技术，但是印度纺织工匠都散居在种姓制区划下的村落当中，生产与商贸相分离。商人需要通过工匠经理人、中间商才能购买到纺织品，甚至向工匠定制图案生产，整个生产—交易过程都是间接完成的。③ 欧洲人花了很长时间，向印度工匠、亚美尼亚工匠学习技艺，并且工匠流动于欧洲各国，吸收各地技术、改进技术，提高纺织品的质量。直到最终英国人掌握了机械化纺织棉经线的工艺，生产的棉布足以与亚洲手工生产的棉布相媲美。棉布在亚洲被人们所接受，当销售市场遍及各个大洲时，最终离散的贸易体系被一个向心的贸易体系所取代。由此，棉纺织品的生产与贸易方式发生了巨大的转变，重新塑造出了一个近代的世界。

---

① 〔美〕施坚雅：《中国农村的市场和社会结构》，史建云、徐秀丽译，中国社会科学出版社，1998，第96~97页。
② 〔美〕珍妮特·L. 阿布—卢格霍得：《欧洲霸权之前：1250~1350年的世界体系》，杜宪兵、何美兰、武逸天译，商务印书馆，2015，第38~44页。
③ 〔意〕乔吉奥·列略：《棉的全球史》，刘媺译，第58~60页。

评王东杰《国中的"异乡"——近代四川的文化、社会与地方认同》

王 洪*

王东杰:《国中的"异乡"——近代四川的文化、社会与地方认同》,北京师范大学出版社,2016。

陈世松描述"湖广填四川"时曾如是说道:"湖广填四川"曾经造就了一个异彩纷呈的移民社会,这个社会虽然早已消融,但在四川现实生活中却随处可以感受到它的存在。① 那么,四川这个"移民社会",在清代是什么样子的呢?这个社会又是如何消融的呢?历史上的人们又如何感知它的存在?"四川人"如何成为可能?带着种种疑问,王东杰在他的著作《国中的"异乡"——近代四川的文化、社会与地方认同》中,收录了五篇长文,分别从地方社会信仰以及知识分子等角度,试图阐述晚清民国时期四川地方社会的整合过程,描述各群体为使四川不再成为"异乡"的努力。

该书导言部分强调:民族国家意义上的"中国",是在一个传统国

---

* 王洪,中山大学历史学系博士生。
① 陈世松:《大迁徙:"湖广填四川"历史解读》,四川人民出版社,2011,第8~9页。

家的基础上转化而来的,这是一个有着悠久统一传统的国家。① 基于这样的认识,那么我们就会追问:在近代中国,地方认同与国家或民族主义之间的关系是什么?② 作者指出了裴士锋关于"湖南人的民族主义"的论述所给予的启发及其不足,并由此切入要讨论的地方、国家"认同"问题,并分别从"乡神""蜀学""异乡"及"国立大学"等"表象"入手,③ 将"概念工具"(conceptual apparatus)的视角引入社会心态分析,论述晚清民国时期地方民众、知识分子等不同群体的心态④,阐释四川的地方认同与国家认同等问题。

一 "乡神"社会的认同问题

在地方社会信仰的研究中,学者都会不约而同地注意到"游神"活动,大都认为,神祇的巡游范围,确定着一个"社区"的边界。但是,对于四川这样一个"五方杂处""乡神"众多的地方社会,究竟意味着什么?在该书第一章《"乡神"的建构与重构:方志所见移民会馆崇祀中的地域认同》中,作者给我们展示了一个清初移民后,客民社会各式各样的"庙、宫、祠"。实际上,这些宫、庙、祠等通常被称为会馆。与以往集中在社会活动等方面的研究不同,作者认为会馆既维系了移民的原乡情感,又参与移居地新社会的构建,并从会馆崇祀的乡神出发,发问:既然人们把乡神视为移民乡土认同的象征,那么人们是如何界定自己的地域身份的?⑤

作者先从移民社会的形成谈起,并将四川定位为一个"五方杂处"

---

① 王东杰:《国中的"异乡"——近代四川的文化、社会与地方认同》,北京师范大学出版社,2016,第7页。
② 王东杰:《国中的"异乡"——近代四川的文化、社会与地方认同》,第8页。
③ 王东杰:《国中的"异乡"——近代四川的文化、社会与地方认同》,第14页。
④ 王东杰:《国中的"异乡"——近代四川的文化、社会与地方认同》,第15页。
⑤ 王东杰:《国中的"异乡"——近代四川的文化、社会与地方认同》,第19页。

的移民社会。而且作者强调,移民社会的形成实际上是四川地区社会经济在移民和土著共同努力之下得以发展的过程。① 在地方志的记载之中,会馆祀神被视为移民畛域象征,如福建会馆的天后宫、江西会馆的许真君庙等。实际上,这种移民畛域的象征并没有很明显的界限,其主要是移民在"新定居地""新家乡"所产生出来的一种身份意识。然而,何为家乡?"移民"的表象告诉我们,实际上,家乡也是变动中的概念。通过地方志记载,作者发现,如山陕共建一个会馆,云贵川同祀李冰,还有如达县的申滩场五圣宫等。但同时,跨省会馆也会析分,如湖广人如何析分。另外,内部也在析分,如江西的文昌会,在同治年间就析分为仁、义两号(各经各界)。

所谓的原乡认同,实际上只在活动时得到体现,各会馆之间存在相互竞争的祭祀活动,同时也有共同的宗教仪式活动。所以,乡神并不"排他",移民群体对原乡文化特色的保留并不意味着他们拒绝接受新的地方认同。②

实际上,这种现象也告诉我们,"五方杂处"的移民社会之中,各种群体之间不同的祭祀与崇拜,一方面体现了自我身份认同,另一方面其实也是对"新家乡"的重塑。作者直言,大体说来,学界对于中国社会中地域建构问题的认识,存在三种研究方案:以施坚雅(G. William Skinner)的理论为代表的功能主义市场模式、强调政治主导力量的行政空间理论与"地域崇拜"研究。而作者本身的研究取向主要偏向于第三类。对于四川社会之整合,各方力量所做出的尝试和努力,以及最终"妥协"将所有人都称为"移民后裔"等一系列现象,对后来学人关于"移民"的研究极具启发性。一方面,我们发现了这种整合的"失败";另一方面,我们也看到了这种多元性实际上并不影

---

① 王东杰:《国中的"异乡"——近代四川的文化、社会与地方认同》,第20页。
② 王东杰:《国中的"异乡"——近代四川的文化、社会与地方认同》,第50页。

响大家都成为"四川人"和"移民后裔"。

作者从思想史和心态史的关系表述层次,将之上升为"超越国家的天下"观念。不可否认,地域社会的认同是一个不断解构和重构的过程,并且,地域认同"充满了内心的徘徊与难明的纠葛的过程",[①]到20世纪,这种"回忆形象"才遭到不同程度的破坏,认同再次"更新"。当然,这或许可以成为新的研究起点。

二 摆脱"异乡":"蜀学"与旅外川人

在第二篇和第三篇长文中,无论"蜀学"还是旅外川人眼中的四川,都在讨论四川如何摆脱"异乡"。《地方认同与学术自觉:清末民国的"蜀学"论》开篇就指明为何要讲"某地之学"。作者认为,所谓某地之学,一方面为文化学术"实体",另一方面为被表述出来的对象。[②] 这也就意味着,对内而言,是一种学术认知;对外而言,同时也是自觉。在咸同时期,中国学术的转向,也影响着四川的学术走向。这一章开始,作者强调地理位置的作用,结合近代四川和全国学术转向的背景,讨论川内外知识分子对"蜀学"的认知。

作者对廖平的"追认",以及对尊经书院的追颂与肯定等论述,透露出四川学人对于"蜀学"的反思和认知。作者将其置于全国的"声望"之中考察和思考,并对乡邦文献进行整理。此时,我们可以看到,四川特殊的地理环境使这个"异乡"学人有着独立的治学态度、地域认同,同时也呈现越来越强的文化自信。在对20世纪四川学人的分析之中,作者通过分别对谢无量、刘咸炘、蒙文通的三篇文章进行讨论,阐述了"地域性学术谱系"的构建过程,地理环境和文化构建成为晚

---

① 王东杰:《国中的"异乡"——近代四川的文化、社会与地方认同》,第62页。
② 王东杰:《国中的"异乡"——近代四川的文化、社会与地方认同》,第65页。

清民初四川学术较具独特性的重要因素。

经过晚清民初时期四川学人的努力，四川还是"异乡"吗？实际上，四川是边隅"异乡"的观念，在20世纪20、30年代一直存在。所以，在第三篇长文《"不异的异乡"：二十世纪二三十年代旅外川人认知中的全国与四川》之中，作者集中考察了20世纪20年代中期到1935年中央军入川后旅居外省四川人对全国与四川关系的认知。此文开篇探讨二三十年代的四川在全国舆论中的形象，接着讨论旅外川人对四川局势的评论与提出的对策，然后讨论他们为消除负面影响而做出的努力。

旅外川人，主要为学生、知识分子或国民党元老、商人等群体。延续上文对地理位置的强调，作者力图通过民国时期史料中呈现出来的四川地理、交通、政治等方面的种种问题，描绘出此时期旅外川人对于四川和全国关系的不同思考与看法。无论是基于对"独立之四川"的思考，还是消除外界对于四川"异乡"的认知，实际上都是从"中国"之进步、四川之发展而出发，并非真要独立，同时也是时人认为四川之为"异乡"的客观原因分析。基于政治上的四川军人与四川民众的刻板印象，旅外川人不断地努力消除各界业已形成的四川是"异乡"的看法。但是反过来看，四川确实成为"异乡"。

在现实的表象层面上，四川因地理位置之故，报刊新闻不新已经成为共识，四川人也不爱管闲事等。为了四川之发展，改变"异乡"局面，各界不断做出努力，如吴虞1922年组建"川政改进协会"，及《新四川》创刊等。时人对于四川"异乡"的认识，在很大程度上，也受到当时政治的影响。如川军的混战，导致川中动荡，川人力求改变这种状态，提出或保境自安，或寄望于其中几个军人，或分主川政等思想。川人自治的思想便来源于此，直至国民政府迁都重庆，四川才成为"国家复兴策源地"。"川耗子，窝里斗"等异乡的形象，才逐步淡化，四川人的自信心由此不断高涨。从这个角度来讲，作者给我们展现的是一个完全不同的"天府之国"。四川在晚清民国时"边隅"的尴尬局面，对于其他区域的社会史研究，具有借鉴意义。但同时，我们也要看到，可能也是四川独特的地理位置、战略意义等因素，才使得其备受关注。但对当时区域之间的对比研究，却略显不足。

三　学术—政治：四川大学国立化进程

延续前文时间脉络，第四篇长文《高等教育中的国家与地方：四川大学国立化进程（1925～1939）》所讨论的内容，主要是对中国现代"国家"观念及其具体落实情况进行分析。作者强调主要受到任以都教授的启发：中央政府扩张权力及高等教育通过国家复兴得以进步的双向过程，并回溯1922年"成都高师"到1931年"三大合并"，及1935年之后四川大学国家化的过程，阐释其体现的是"国家化"与"中央化"之纠葛。文章试图通过"学术—政治"视角，从"落后的四川"的认识出发，谈论四川大学的"现代化"进程。

作者在2005年的专著《国家与学术的地方互动：四川大学国立化进程（1925～1939）》之中，论述更为详尽和精彩，史料运用也更为丰富①，作为此书的"姊妹"篇，《国中的"异乡"——近代四川的文化、社会与地方认同》主要是强调"国家建设"问题。该书其他几个章节，与第五章"机构与学风：民国时期四川大学历史学科的发展"形成呼应。第四章强调对"国家建设"的反思，第五章则强调"国立化"与"现代化"两大政策背景下，川大的地方特色及其融合主流的过程。

在对"国家建设"的反省方面，作者指出：其一，"官""民"之分似比"中央"与"地方"的区别更加重要；其二，中国"道高于势"

---

① 可参见王东杰《国家与学术的地方互动：四川大学国立化进程（1925～1939）》，生活·读书·新知三联书店，2005年。

的传统并未随着"道统"的破裂而彻底消失,而是随着"学术自由"等西方观念之渗透,继续发挥力量。① 所以,国家实际上"具有更加超越性的地位"②。基于此,我们也看到,在不同的语境之中,国家内涵实则不同。四川大学在此时期的发展过程,既保持了自身特色,又积极融入了主流,多元与"国家"之间的关系体现得淋漓尽致。如果从第五章出发,将整个目光投入"新史学""新史家",全国之思想界如何,近代中国文化又如何等问题,作者在近期出版的《历史·声音·学问:近代中国文化的脉延与异变》一书之中也做了更为详尽的思考和解答。③

结 语

该书五篇长文按时间序列展开讨论,史料运用丰富,分析视角独特。认同问题上,在多元性与复杂性的讨论方面,在地方认同与国家认同之间关系层面,为我们展现了一个双向的、互动的、动态的社会历史进程。对于后来学人研究而言,确有启发和借鉴意义。另外,五篇长文的一个基本前提是"移民社会",实际上移民社会本身也是一个相对的概念,如果将四川定义为移民社会,我们就要区分标签与实际群体。同时,基于移民角度来思考,四川自然是一个移民社会,反观,土著如何认知,却是我们需要重新思考的问题。国家"具有更加超越性的地位"的同时,反过来,我们将"国家"的语境置于地方社会之中时也会发现,四川与国家相较之下的"多元",其内部本身也更具复杂性。不过,该书讨论的旨趣与方向并不仅仅局限于此,作者自成脉络之学术著作,皆承前启后,同时也将成为研究的新起点。

---

① 王东杰:《国中的"异乡"——近代四川的文化、社会与地方认同》,第 207~208 页。
② 王东杰:《国中的"异乡"——近代四川的文化、社会与地方认同》,第 208 页。
③ 可参考王东杰《历史·声音·学问:近代中国文化的脉延与异变》,东方出版社,2018。

评卢露《从桂省到壮乡：现代国家构建中的壮族研究》

孙剑伟*

卢露：《从桂省到壮乡：现代国家构建中的壮族研究》，社会科学文献出版社，2016。

20世纪50年代的民族识别工作对当代中国政治和社会产生了持续至今的深刻影响。中国最大的少数民族——壮族是如何被识别出来的？专家学者和民族干部在这项工作中起到了什么样的作用？这项工作对那些被识别群体的族群身份认同和社会实践产生了什么样的影响？迄今为止，对于这些问题的深度研讨并不多见。美国学者白荷婷（Katherine Palmer Kaup）的《创造壮族：中国的族群政治》[1]一书是这一研究领域最早且最负盛名的一本专著，重点探讨了壮族识别的时代背景和政治动机、壮族识别的具体过程、壮族族群认同的变化以及壮族族群民族主义的发展趋势。广西大学卢露博士的《从桂省到壮乡：现代国家构建中的壮族研究》[2]一书是国内公开出版的唯一一部研究壮族民族识别工作

---

* 孙剑伟，广西财经学院文化传播学院助理研究员。
[1] Katherine Palmer Kaup, *Creating the Zhuang: Ethnic Politics in China*, Boulder and London: Lynne Rienner, 2000.
[2] 卢露：《从桂省到壮乡：现代国家构建中的壮族研究》，社会科学文献出版社，2016。

的专著。该书关注的重点问题是壮族识别工作中的国家政治影响、壮族文化的建构、壮族内部不同"支系"的族群认同差异。该书的兴趣点和白荷婷的著作颇为接近,但在研究方法上侧重于壮族民族识别工作的历史回顾,大量采用口述史材料,向我们展示了很多值得关注的细节。

《从桂省到壮乡：现代国家构建中的壮族研究》一书共分为六章。第一章为"导论";第二章简要梳理了历代王朝和桂系军阀治理广西的基本策略;第三、第四和第五章是该书的重点,回顾和分析了国家政权建设与壮族民族识别的关系、壮族文化的建构、壮族族群意识的群体差异和表达方式;第六章"讨论"对壮族族群民族主义的发展趋势做了研判,并反思了当前的民族政策。

作者指出,旧桂系首领陆荣廷的政治口号是"桂人治桂",反映的是一种"地方主义观念",这一点也被新桂系继承。陆氏本人自认为是汉人,在广西本土并没有明确的族群身份意识。新桂系的首领人物李宗仁、白崇禧等接受了孙中山提出的"五族共和"的政治理念,一方面明确禁止对"边疆同胞"使用侮辱性称谓,扶持其发展,另一方面又大力推行带有强制同化色彩的"特种教育"和"新生活运动"。新桂系刻意淡化族群身份差异,引导民众"以地域来区分认同",官方统计的"特种民族"人口总数最多只有63.9万,约占全省总人口的4%。1949年之后,广西的政治局面发生巨变。1951年2月,广西先后成立了两个乡级瑶民(族)自治区人民政府;同年6月,中央民族访问团广西分团来到广西,展开为期三个月的访问工作;同年8月,"龙胜各族联合自治区人民政府"宣告成立,是为广西第一个县级民族自治区。1952年12月,桂西僮族自治区宣告成立(后更名为桂西僮族自治州),下辖3个专区、41个县。1957年12月,国务院决定撤销广西省桂西僮族自治州;1958年3月,广西僮族自治区成立,1965年改名为广西壮族自治区。本书提供的这些基本史实说明,20世纪50年代广西的民族自治工作开始的时间早,步步推进,具有很强的计划性。民族识别工作是落实民族自治政策的基础,显然有很强的计划性。"1951 年,费孝通先生担任中央民族访问团广西分团团长出访广西后不久,在写作《关于壮族历史的初步推考》时,已明确将广西本地讲土话的人认定为壮族。"① 该书作者提供的口述史资料也证实了这一点:"解放初,在南下部队去的时候,在他们(访问团)还没有研究出来的时候,已经认定壮是一个少数民族。"②

关于少数民族干部在民族识别工作中发挥的作用,该书作者并未专门论述。但从该书提供的一些材料来看,少数民族干部在民族识别工作中并非总是能够"领悟"上级的意图并积极配合,他们的态度和行动会受到多种因素的影响。这里举两个例子。一个是南盘江北岸的"布越"群体被识别为布依族的历程。南盘江两岸的"布越"人原本在语言和风俗习惯上都非常相近,只是因为长期分属贵州、广西两地,地域认同不一样。"当时贵定专区专员陈永贵作为布依族代表,在北京被毛主席、周恩来以及李维汉接见,李说,你们布依族应该和壮族是一家。但陈不答应,说我们……是'布越',他多次这种表态。"③ 南盘江北岸的"布越"群体的代表人物坚持谋求单一民族的地位,除了地域认同的因素外,还有现实利益的考量。"分两个民族也对我们没有害处,这样参加民族代表我们不是可以多几个人吗?你们壮族已经够多的了,把我们布依作为单一民族,多几个代表参加,不更好吗?"④ 广西龙州县的"布傣"群体也曾谋求单一民族的地位,但结果是失败的。尽管如此,一些"布傣"干部仍然坚持保留"布傣"群体作为一个"支系"的独特地位。"现在,壮族就壮族吧,但布傣这个支系不能去掉,原来'左'到连这个都不承认。我们现在的干部都认为,能恢复民族最好,不

---

① 卢露:《从桂省到壮乡:现代国家构建中的壮族研究》,第 126 页。
② 卢露:《从桂省到壮乡:现代国家构建中的壮族研究》,第 126 页。
③ 卢露:《从桂省到壮乡:现代国家构建中的壮族研究》,第 114 页。
④ 卢露:《从桂省到壮乡:现代国家构建中的壮族研究》,第 118 页。

能恢复的话,至少要承认有我们这个布傣支系。"① 今天,"布傣"作为壮族一个支系的地位逐渐得到认可和宣传,这与布傣干部们的努力和坚持是分不开的。

关于壮族文化的建构,该书的研究提示我们有如下几点值得特别关注。一是壮族历史调查的重要性。"当时的广西社会历史调查组分为壮族组和瑶族组……与广西的瑶族组比起来,在'民族特点'不那么突出的壮族组里,他们的工作任务就是要通过'突出历史'来找到壮族成为一个民族的依据,所以,当时认为,桂西南地区保留的土司制度就是壮族一个很突出的特点。"② 二是壮文创制和壮语推广。20 世纪 50 年代新创制的拉丁字母壮文是以武鸣县壮话作为标准音的,无法跨越壮族广大地区的各种方言土语,因此在后来的扫盲运动和壮族地区的双语教育中都遇到了很多困难。尽管如此,不少壮族知识分子仍然不遗余力地提倡壮文和壮语的推广。"相对于政府推动双语教育注重的是其'工具性'功能,学者们更注重其'文化属性'的一面。"③ 三是"那"文化④的建构。"为了回应'壮族没有特点',或'壮族已被汉族同化融合'等观点,也为了力证壮族等南方稻作民族所创造的文明不仅是中原文明的'流',还具有'原生型'文化的特点,壮学研究界将'那'文化提升为具有区域文明特征、涵盖多个民族的共享文化,希望通过'那'文化圈的研究来建立壮学的理论框架。"⑤

白荷婷在《创造壮族:中国的族群政治》一书中指出,经过数十年的治理,壮族社会已经发生了根本性的结构变迁,壮族的身份已经被普遍接受,广西各地壮族已经不再对本"支系"的称谓和文化习俗恋恋不

---

① 卢露:《从桂省到壮乡:现代国家构建中的壮族研究》,第 187~188 页。
② 卢露:《从桂省到壮乡:现代国家构建中的壮族研究》,第 132 页。
③ 卢露:《从桂省到壮乡:现代国家构建中的壮族研究》,第 165 页。
④ "那"在壮语中是稻田的意思,"那"文化即稻作文化。
⑤ 卢露:《从桂省到壮乡:现代国家构建中的壮族研究》,第 180 页。

舍。大体而言，白荷婷的观察是合乎实际的。但作为壮族的一员，该书的作者通过个人经验和田野调查提供了更丰富的案例，也关注到了一些白荷婷没有注意到的现象。首先，像"布傣"这样的支系依然保持着相当顽强的内部认同，"在与外人的接触和交流中，他们更乐意作为'布傣'来介绍和展示自己的文化，而不是壮族"①。其次，在有些壮族地区宗族意识的重要性完全超越了民族身份的差别。该书作者在南宁市郊区的坛涹村访谈村民，"谈起如何看他们说平话②又被划为壮族的身份时，他们大都表示无所谓，在有些村民眼里，壮族就是广西（广西壮族自治区）人的代名词"③。滕氏是当地的大家族，每年三月初一坛涹村和在外地的滕氏子孙都会举行隆重的祭祖活动。近几年来，祭祖活动规模不断扩大，参与范围已经扩大到了省外。在"对族谱"的联祭活动中，存在"同祖而不同族"的现象，"壮与非壮无从而分"。一些壮族学者喜欢用"壮汉互化"的观点对此类现象做出解释。该书作者认为，"这类讨论的背后实际上是一种二元对立的思维，并无益于具体问题的分析；而且，壮族的学术研究和民间信仰之所以会产生矛盾，很大一部分原因是受了'分族写史'思维的限制"④。

在该书的最后一章"讨论"中，作者积极评价了民族识别和民族自治政策的实施效果，认为这是"逐步整合少数民族地区进入现代化进程的关键一步"⑤，对于促进少数民族地区发展和巩固边疆地区社会稳定起到了重要作用。对于西方学者的研究，作者批评道，他们"更倾向于将中国的民族政策视为一种治理术，我们所追求的民族平等、共同繁荣的政治目标一直被西方所忽视和曲解"⑥。白荷婷曾指出，壮族的族群民族

---

① 卢露：《从桂省到壮乡：现代国家构建中的壮族研究》，第192页。
② 平话，广西的一种方言，通常被认为是汉语方言。南宁市郊是平话较为流行的一个地区。
③ 卢露：《从桂省到壮乡：现代国家构建中的壮族研究》，第207页。
④ 卢露：《从桂省到壮乡：现代国家构建中的壮族研究》，第208页。
⑤ 卢露：《从桂省到壮乡：现代国家构建中的壮族研究》，第219页。
⑥ 卢露：《从桂省到壮乡：现代国家构建中的壮族研究》，第215页。

主义运动有深化发展的趋势，值得关注。该书作者则认为："我国在经过民族识别以后，民族名称的确定会导致产生一定的固定形象（image）和符号象征性，基于某个少数民族历史记忆和文化特征的象征物会强化群体之间的边界。所以，基于文化权力、经济利益诉求的族群意识在一定的社会和政治条件下，也是有可能转变为民族意识的。"① "从长远看，是否更应该考虑让各民族成员不是由于其民族背景来获得机会，而是使公平竞争的机会能在更大程度上落实到个人？"②

总的来看，卢露博士的《从桂省到壮乡：现代国家构建中的壮族研究》一书对壮族民族识别工作中的国家政治影响、壮族文化的建构、壮族内部不同群体的族群认同差异等问题都做了比较深入的调查和研究，提供了不少有参考价值的口述史资料。该书的主要行文模式是叙述，书中的不少观点表达得也较为含蓄。与白荷婷的研究结合起来看的话，有相得益彰之妙。

---

① 卢露：《从桂省到壮乡：现代国家构建中的壮族研究》，第220页。
② 卢露：《从桂省到壮乡：现代国家构建中的壮族研究》，第224页。

评李新峰《明代卫所政区研究》

张楠林[*]

李新峰：《明代卫所政区研究》，北京大学出版社，2016。

20世纪上半叶以来，诸多前辈学者将明朝卫所制度及其相关问题视为明史研究的重要方面，先后推出了一系列学术价值不容忽视的著作。总结其研究路径，大致可以分为三条：（1）认为卫所是一种具有行政意义的地方区划，并在此基础上做进一步的探讨，以求对整个明朝的军事、行政系统有更深入的认识；（2）立足于对卫所自身制度的梳理和分析，诸如卫所军户、武官、屯田等；（3）不同地理区域的个案研究。经过几代人的推陈出新，整个卫所研究不可不谓成果斐然，然而，或许是因研究旨趣各异，即便是同一路径之下，学者对前人所提的论断、概念也是引用、深化者多，反思、考辨者少。前者固然是学术进步的关键，不可或缺；而后者以精审的态度给人求真务实之感，也应受到重视。李新峰教授所著的《明代卫所政区研究》应归于第一条研究路径，其较为重要的特点是在反思与考辨的理路上，对此前一些影响较为深远的论断进行再思考，并试图以此对中国古代政治制度史的研究潮流做出理论上的创新。读完其书，颇有感触，故写下一些感想，如有误读曲解，望作者和读者见谅。

---

[*] 张楠林，中山大学历史学系博士生。

评李新峰《明代卫所政区研究》

李新峰，1987~1999年就读于北京大学，获历史学博士学位，现任北京大学历史学系副教授，曾为哈佛燕京学社、中研院历史语言研究所、浙江大学高等研究院访问学者。其著《明代卫所政区研究》（以下简称《卫所》）由北京大学出版社2016年出版，全书约略29万字，共分3章9节。该书在既有研究的基础上，从"准实土卫所"和"建置沿革"两个方向入手，进一步研讨明代卫所的行政区划制度；试图在相对静态的视野中衍生"模式化"的认识，又以结构性的内容、丰富的个案探讨该模式的变迁、运作和在整体秩序中的地位。

在整个明朝疆域内，各类卫所数量达400多个，因其所处位置（通常分为两京、腹里、边地、沿海）不同，功能、性质等方面也不尽相同。对于如此繁多的卫所群体，如若不加拣选，一一考察其政区色彩，则未免显得驳杂烦冗，徒费人力。因此，《卫所》采用的方式为：从明代沿海地带和内陆边地存在的大量界限不明、责权尚待辨识的卫所之中，有针对性地选取研究对象，沿海卫所"只计独立建城者，而不计治所在州县城者"，地涉南北直隶、浙江、福建、广东等地区，共计卫25个、所75个；边地卫所，在北方则"选择同居一城的实土卫所"，在西南"选择了两种归属关系复杂、与当地政区单位错综的个案，即陇南地区的诸军民卫所，及四川贵州交界处的永宁卫等"。实际上，作者如此安排，也与现今学术界对卫所政区的认识程度相关。位居两京、腹里的卫所是非实土卫所，不具有政区特征；地处北方、西南边地、不在州县辖区内且独立建城的卫所为实土卫所，可视为地方行政区划，这两点应是目前学界的共识，故其不涉。

首先，要探究沿海卫所的政区特征，就必须回答这样两个问题。

第一，沿海卫所是否能够管领一部分所在地原属州县的人口和土地？包括：①沿海卫所是否在名义上统领民人？②沿海卫所是否实际上管理民人？③秋粮直缴卫所的州县田地的归属。④卫所圈占的州县旧额田地归属。⑤卫所军众新垦的城周田地归属等。作者通过梳理沿海地区的地方志与卫所志，逐层级地进行论证。以往学者对这些问题多少有所涉及，但在严密的逻辑下，精审细致且不乏解释力地讨论卫所与州县关系中较为关键却略感棘手的诸多问题，在此前的研究中还未曾有过。李新峰就此给出结论："卫所对城池内外的民人无管理职权，无权单独处置民人刑名事务。总之，卫所作为外来的军事组织，从未切割带管州县的任何人口"，"沿海卫所所在地的州县田地，即使秋粮充卫所俸粮，甚至卫仓直接收取秋粮，也仍归州县。卫所城池内外的原州县田地，即使全由卫所军余承种，也仍归州县。只有卫所城池、营房和各种设施占地，才在州县豁除，转归军政系统，其中只有在卫所设施直接用地上新垦的田地，才全归卫所。"①

第二，卫所边界圈定的地盘、防区、屯田等区域能否构成行政管理区？卫所的边界最直接的记载即为方志、卫志中的四至八到，作者依然以此为依据，逐地区、逐条进行分析，认为沿海卫所中与州县有明确边界的只有五分之一，"这些边界圈定的地盘，规模甚小，大不过一乡都，小仅当一村落，与州县疆域不可同日而语。而且，这些地盘皆被州县方志视为境内一部分"。沿海卫所又被称为"防倭卫所"，其军士以"捕倭屯田"为职责，那么，此类卫所即有各自的防区。作者认为，顾诚在《明前期耕地数新探》一文中引以说明"绵长的沿海地区大部分处于卫所管辖之下"的地理单位"并非政区地理单位，而就是各个单位负责的军事防区"②，而且"东南沿海的巡防区域主要是由沿海州县的巡检司防区构成，沿海卫所的日常防区范围狭小，与府州县乃至巡检司防区参差错杂，远未形成另一套涵盖海岸地带的区划系统"③。

在以往的研究中，卫所"实土""准实土""非实土"似乎成了不言自明的概念，其判定标准无外乎为是否有独立的政区、是否管领一部

---

① 李新峰：《明代卫所政区研究》，北京大学出版社，2016，第31页。
② 李新峰：《明代卫所政区研究》，第46页。
③ 李新峰：《明代卫所政区研究》，第53页。

分人口和土地、境内是否有府州县等。那么，如何对这些标准做进一步精细化的处理，使其更加符合学术讨论的需要呢？该书无疑提供了一个极具参考价值的范本。至于沿海卫所的政区特征，学术界的认识虽说不上千差万别，但也的确存在一些分歧，顾诚认为沿海卫所"管辖一块不属行政系统的土地，是朝廷版图内的一种地理单位"，并将其纳入明帝国的疆土管理体系中进行探讨，而郭红也认为："准实土卫所……主要分布在沿海和边疆地区……在正式的统县政区中占有一隅相当于县但又不与其下的县同治的独立地域，东南沿海的许多卫所都是如此。"李新峰则在细致的史料分析、较为严密的逻辑论证之后，得出不无说服力的结论，即沿海卫所"基本上不具备'实土'特征，而是作为一个职能单位坐落于州县疆土之中"[①]。

随后，作者将明代内地同处一大城的双附郭县与北部边地同居一城的实土卫所进行比较，"以探卫所在本质上是否具备与州县同样强烈的政区色彩"。而在具体的论证过程中，作者将卫所屯田和屯堡的分布状况视为"衡量卫所政区色彩的基本指标"，并认为"普通的实土卫所下辖屯田，大体位于本卫境内，若同城卫所下辖以屯堡为中心的屯田，分据一区，各自连成一片，则诸卫行政区划色彩甚明"[②]。这的确是一个具有可操作性的论证视角，但是以此指标进行判断是否足够准确可能值得再思考。就以贵州都司为例，学界基本公认其下辖的卫所多为实土卫所或准实土卫所，但其屯田仍为"隔属拨种"，自然不可能大范围地连成一片，以致在清初改卫所为州县之后，这些田土的管辖仍是一个较大的问题。雍正年间贵州巡抚何世璂即奏称："窃查黔省田地多系军屯，土著尽皆苗猓，不特与邻省错壤，即本省之内地方互相扰杂。因军田向系隔属拨种，往往有一户种数亩之田，而所居村寨与其该管州县，相去

---

① 李新峰：《明代卫所政区研究》，第61页。
② 李新峰：《明代卫所政区研究》，第64页。

或二三百里，或四五百里不等。"独立建城的实土卫所屯田尚且如此零散，我们或许该对将屯田是否"连成一片"以及由此延伸出来的对照卫所的驿递分布、防区形态、城区分野等与屯田是否吻合作为北部同城卫所政区色彩的评判标准保持一定的怀疑。

然后，作者对军民卫所的准实土色彩进行了探讨。在明代卫所的正式名称中有不少带有"军民"字样，如"河州卫军民指挥使司"等，此前也有学者尝试总结此类卫所的特点，但仍留有极大的研究空间。因此，作者以陇南诸军民卫所为例，分析其下辖的"属番"及部分编入里甲的"土民"的管理形态，以求"考察明代军民卫所的设置标准"。其得出的结论是："无论辖有里甲编民还是土官部众，只要这些人众纯粹上统于卫、都司等军事政区系统，……就不必拥有'军民'之名。陇南地区军民卫所虽然带管民众，却受制于附近的布政使司系统，其'军民'之名，似乎意味着境内属下有'民'而不得自专。"[①] 虽然作者紧接着便谨慎地对这一结论的解释力做了限定，"上述结论是否适用于西南地区，有待于对西南军民卫所的系统考察……甚至四川行都司的诸军民卫所，就无法用上述结论圆满解释……所以，本节的探讨，应只是就陇南一地体现的特征进行了归纳"[②]，并且纯粹的现象归纳也的确很难在机制上得到有效的论证，但是，不可否认，李新峰给出了一次极有价值的尝试，能够给予后来者一定的启发。

除以上内容之外，《卫所》一书还以较大篇幅讨论卫所政区建置沿革的记载疑点问题，认为明代都司卫所系统的建置沿革在记载混乱、现象复杂的表面之下，依然"遵循相对简单一致的原则"[③]。其结语部分认为"明代州的级别、职权、涵盖疆域，皆与布政使司、府、县属同

---

① 李新峰：《明代卫所政区研究》，第120页。
② 李新峰：《明代卫所政区研究》，第120页。
③ 李新峰：《明代卫所政区研究》，第203页。

类性质,应视为单独一级行政区划"①,也是对前人研究的一种反思。其进而试图将整个明代政区体系模式化,认为"明代的政区体系,呈现为一个在各级政区遵循直隶/分管模式,区分主次、内外、轻重的'全息'圈层体系"②。

总之,该书的第一、二章应是其核心章节,以非实土的沿海卫所、不具备双附郭县那样明确政区的同城实土卫所以及准实土性质的军民卫所等作为依据,推导出"从疆土管理的基本原则看,明代卫所是州县的补充辅助系统",与顾诚先生提出的明帝国的疆土管理分为行政和军事两个并列体系的说法有不少差别。

作为读者,我们在急于以自我认定的正确性来评判一部著作之外,更应该将其置于相关研究的进程中来考量其学术价值,如此才能更准确地显现其应有的地位,这一进程不仅在于具体问题的学术史,也在于前人研究的理路。明代卫所研究持续了数十年,在20世纪80年代之后更是变得异常热门,这就给当世学者留下了为数众多的、具有相当影响力的具体论断和概念。我们在参考、征引这些论断和概念,以求进一步填补卫所研究"空白"的同时,也应抱以合理反思、精细考辨的态度对其审慎考察,使那些看似已经不言自明的结论变得更具普适性、更有活力,也更加符合学术讨论的需要。李新峰《卫所》一书便在此方面做出了一定的努力,并试图以此反思和推进已有的制度史研究理论,在相对静态的视野中提炼出具体制度的基本模式之后,再以动态的内容、个案考察其变迁和运作的过程。然而,稍有不足之处便在于读者不太容易把握"准实土卫所"、"建置沿革"与"圈层体系"三者之间的内在逻辑。

---

① 李新峰:《明代卫所政区研究》,第208页。
② 李新峰:《明代卫所政区研究》,第220页。

评吴琦等《清代漕粮征派与地方社会秩序》

李 幸*

吴琦、肖丽红、杨露春等：《清代漕粮征派与地方社会秩序》，中国社会科学出版社，2017。

漕粮征收在清代素有"天庾正供""朝廷命脉"之称，漕运事关国计民生，具有重大的政治意义、经济意义和丰富的社会意义。漕粮在中国传统社会中的重要地位引起了诸多学者的兴趣和重视。早在20世纪50、60年代，以星斌夫、海里一隆为代表的日本学者就对中国漕运展开了系统的研究；到了80年代后，国内史学界也涌现了大批关于清代漕运研究的佳作，如李文治、江太新的《清代漕运》（中华书局，1995）和彭云鹤的《明清漕运史》（首都师范大学出版社，1995）都对清代漕运制度做了系统而详尽的论述；如张照东和陈锋等学者的研究，更多关注了漕运带来的经济效益；又如倪玉平的《清代漕粮海运与社会变迁》（上海书店出版社，2005）从政治史和经济史相结合的角度探讨了漕粮作为政治问题和经济问题的二元性。吴琦认为国内史学界关于清代漕运的研究取得了丰硕成果，但是已有成果对于漕运所引发的国家与社会的互动关系涉及甚少，对于漕粮征派在中国地方社会、基层组

---

* 李幸，中山大学历史学系硕士生。

织、农村生活中的重大影响几无探究①。他希望能够从社会史视角切入漕运研究，发掘官方定制下的漕粮征派与地方社会的内在联系。一方面探讨国家事务在地方的运作实景及其引发的社会问题，另一方面关注地方社会不同群体间复杂的利益纠葛和权力博弈。《清代漕粮征派与地方社会秩序》就是承载了吴琦及其门人的问题关怀和学术抱负的著作。

该书分上、下两编，共十一章，上编带附录一篇，下编有余论。上编的第一至二章探讨了有清一代的漕粮征派体系，内容涉及漕粮数额和款项、漕运机构和基层组织、漕粮征派方式、征漕的规制之弊以及清后期的"漕粮折征"变革等项。有清一代为了满足京城皇室以及官僚、军队的粮食需要，承袭了前代的漕粮征调制度。清制规定每年征调进京漕粮大约400万石，分别从当时的山东、河南、安徽、江苏、浙江、江西、湖南以及湖北八省征派。但以太平天国为界，清前中期与清晚期的漕粮征派方式有了一个较大的转变，漕粮征派由坚持"征收本色"变为普遍"漕粮折征"，这是对于漕粮征派"例不改折"定例的突破。在清前中期，国家政权稳定，中央权力集中，改折多为应对灾荒、体恤民力的变通性做法。但到了道光以后，尤其是咸丰时期，因为吏治腐败、财政混乱、运道淤塞，加之战火频起，中央的掌控力不断削弱，征漕工作无法维持，只能被迫采取折色征收形式。

在厘清清代官方规定的漕粮征运流程和运作系统后，作者在第三至六章将视线投注到漕粮征派在地方社会的落实情况。征漕作为一项重要的国家事务，政府在处理过程中，会运用多种手段和方法进行调控和制衡，在保证漕运任务正常完成的情况下，稳定地方的社会秩序。其手段和方法包括蠲（免）缓（征）改折、漕粮仓储、截留拨运，以及平粜赈济等，作者逐章分别进行了论述。第三章论述的蠲（免）缓（征）改折是清政府基于社会实况对各地漕粮征派进行灵活调整的重要手段。

---

① 吴琦等：《清代漕粮征派与地方社会秩序》，中国社会科学出版社，2017，第9页。

漕粮蠲缓对于安定民心、稳定社会秩序和发展农业生产有积极意义，而漕粮折征不仅是对征运本色成本过高的一种调整，更是对道光以后战争频发、经济凋敝、运道淤塞等时弊的应对，该举措客观上减轻了民众征运本色的负担，且节省的运费和规费间接增加了政府的财政收入。第四章论述的漕粮仓储是保证中央和地方粮食供给的重要手段之一。漕粮运送至京师，储存于京师各仓，是国家粮食储备的大宗；漕粮经截留储存于地方仓内，则能有效维护地方社会的市场秩序和经济生活秩序。可以说漕粮仓储是国家调控社会、保证社会安定的重要战略措施。第五章阐述的漕粮截留拨运是国家针对各地的突发状况而进行调控制衡的有效手段。朝廷通过调动漕粮应对天灾饥荒、充实军需储备、平衡地区积贮、平抑地方粮价，充分发挥漕粮截拨的社会功能。上编第六章提到的漕粮平粜在充实粮食市场、平抑粮价和稳定社会秩序等方面起着重要作用，漕粮赈粜则是官方赈济的主要形式之一。上述四章以动态的视角展现了清代漕粮的运、储、粜、赈各个环节，及其背后隐藏的清政府政策选择的变通性和现实必要性，从而揭示出漕粮的社会意义和功能。

上编附录的文章从清代山东漕河水利之争的个案出发，探讨中央"保水济运"与地方"民田灌溉"需求间的矛盾，用实例展现国家如何统筹全局、平衡中央与地方利益。

该书的下编以"闹漕"为基点，全面考察了清代征漕在各地引发的社会反抗活动，并透视国家与社会的关系状态[①]。闹漕即拒绝缴纳漕粮，包括"个人日常反抗"、"漕控"与"集体公开闹漕"等多种表现形式。第七章通过对《清实录》与地方志两类文献中的闹漕案件进行分析，揭示了清代有漕八省漕政的地域性差异与阶段性特征。总的来说，江浙、山东是漕案高发省份，湖北与安徽则相对平静；道光与咸丰时期是漕案高潮年代，顺治与雍正时期则较为和缓。通过量化分析，作

---

① 吴琦等：《清代漕粮征派与地方社会秩序》，第27页。

者认为闹漕本质上是漕粮征派与地方社会情况不适应的结果,区域社会的政治、经济差异会导致漕粮征派在地方产生不同的反响。

在第八至十一章,作者通过厘清闹槽案件中参与者的成分、动机与方式,分析闹漕背后体现出的官、绅、民角色互动,探究闹漕对地方社会秩序变动的影响。闹漕案中一般有州县官、绅衿(一般士绅、刁监劣绅及胥吏)和民众(地方豪强、较有声望的民众、一般民众)三大主体人群,他们在追求各自利益最大化的过程中建立起对立、欺压或者合作的关系。三者间利益的纠葛与纷争会引发社会秩序的失衡,最直接的表现便是闹漕事件。闹漕包括控漕、个人日常反抗与集体公开闹漕等不同形式。不同形式中,绅民扮演的角色与参与情况不尽相同。闹漕方式的变化是分析社会各个阶层关系变化的一个基点,其中集体公开闹漕是官、绅、民矛盾的总爆发形式,三方之间的利益纠葛与角色互动最为明显。此外,闹漕还是窥探地方各种社会问题的有效切入点。闹漕一方面给地方社会秩序带来不同程度的直接影响,诸如政治秩序的变动、生活秩序的紊乱和制度调整等;另一方面还包含着各种复杂的隐性社会问题,包括民间信仰与地方社会治理、地方政府合作问题,"共域"领域地方官的自主权问题等。总之,透过闹漕事件,我们既能观察官、绅、民三大群体间的角色互动与利益博弈,又能求索漕粮征派这一国家事务对地方社会秩序的深刻影响。

结尾的余论重申了下编的问题意识,即"闹漕年年有之,为何漕粮征派却一直正常运行着?闹漕扰乱地方社会秩序,地方社会因何能迅速自我恢复?"[①] 下编就是从此问题出发,探讨闹漕与地方社会结构的关系。作者援引科塞的"安全阀"理论,展现了闹漕冲突所具有的正功能。闹漕在维持"一定社会结构的相对稳定"、促进"各种社会规范的正常实施"和"把无序和冲突控制在一定范围内"等方面都发

---

① 吴琦等:《清代漕粮征派与地方社会秩序》,第357页。

挥着积极作用，这些皆体现了其对地方社会秩序整合有利的一面。

通览此书，我们不难发现其中的亮点。作者运用社会史的新视角来探索清代漕运，十分有创见性。他将漕运定位为一项重要而特殊的国家事务，着重考察征漕这一国家事务在地方社会的执行情况及其引发的社会问题。书中的上编主要通过勾勒漕粮征派在地方的运作实景来考察中央与地方的互动关系。政府对漕粮的运输和利用，实际上存在两套运输体系和运用方案。一是向上的运用体系，即漕粮征收后，通过漕仓的存贮和运道的运输，最终到达京师地区的京、通各仓，实现漕粮的分配以及对京畿地区的粜赈；二是向下的运用体系，即当地方发生灾歉饥荒、仓储缺额或军饷缺乏等情况时，政府通常会截留部分漕粮于地方，通过运道的转运和漕仓的存贮，对地方进行平粜和赈济。这两套双向运作的体系共同构成了中央与地方沟通的桥梁，使漕粮征派成为考察国家与社会互动关系的一个绝佳视点。书中的下编以社会问题"闹漕"为切入点，观察地方社会不同人群在漕运征派过程中的角色扮演和博弈群像。州县官、绅衿和民众三个群体为了追求各自的利益，建立起对立、欺压或者合作的关系，这种关系并不是稳定的，而是随着实际诉求的变化而不断重新调整。正是这些群体在漕粮征派事务中的参与和纠葛，影响了地方社会秩序的建构和社会格局的形成。作者对清代漕运的社会史研究无疑为我们展现出一幅生动的地方漕粮征派图景，引人入胜和遐思。另外，作者运用了清代有漕八省的大量府州县地方志材料，以及大批官方文献和奏疏，史料之翔实，用力之深厚，自是不言而喻。

不过此书也有一些小瑕疵。首先，上编与下编之间的问题意识似乎不够连贯。上编着重梳理清代漕粮征派的各个环节，揭示国家运用蠲（免）缓（征）改折、截留拨运、平粜赈济等手段发挥漕粮征派的社会功能。但是这部分内容并未过多关注漕务官员、地方州县官、运粮旗丁、地方绅衿、一般民户等群体在整个漕粮征运过程中的博弈与纠葛，所做的探讨主要着眼于制度与地方社会，似乎多见事而未见具体的人。下编对地方社会不同人群角色互动的探讨十分精彩，但主要围绕漕粮征派引发的"闹漕"问题展开，并不是针对整个漕运过程的参与人群进行剖析，使之偏向于个案研究，而略显单薄。另外，或许可与作者商榷的是，此书过于强调社会史研究视角，而略带刻意地忽视了漕运征派中的经济因素。作者强调漕运作为"天庾正供"具有至高无上的政治意义，以此解释漕运征派中许多不符合经济逻辑的举措。作者对漕运的行政经费筹措、漕运与地方财政的关系等问题明显关注不够，解释问题的逻辑略显单一和牵强。

征稿启事

《区域史研究》是由中山大学、香港中文大学、复旦大学、厦门大学、武汉大学、清华大学、南开大学、华东师范大学、南昌大学的一批志同道合的学者共同创办的刊物,旨在为区域史研究者提供一个分享最新研究、交流最新思想的平台。本刊设有学人访谈、专题研究、研究综述、读史札记、田野笔记、书评等栏目,现面向海内外学界征稿,来稿要求如下。

(一)论文字数一般不超过3万字,须有中文摘要(200字左右)以及3~5个中文关键词;读史札记、田野笔记一般不超过1.5万字;书评一般不超过4000字,有深度的书评,则不受此限。

(二)文责自负。除非事先说明,否则编辑部对文字内容均可适当处理;译稿一律附原文。

(三)本刊采用社会科学文献出版社的投稿格式和注释体例,请各位作者投稿前务必参照修改。来稿统一采取页下注方式,每页重新编号。出自同一文献的注释第二次出现以后,只需标明著者、篇名、卷次、页码即可。

(四)来稿请通过电子邮件寄至 lingnanculture@126.com,并在邮件标题栏中注明:《区域史研究》投稿。

(五)本刊实行双向匿名审稿制,来稿时请将姓名、工作单位、联系方式、职称等反映作者信息的个人资料另页附上,并在正文中避免出现作者的相关信息。

(六)请勿一稿多投。收稿后逾3个月未做答复,作者可自行处理。

（七）本刊不以任何形式收取编辑费、审稿费、版面费等费用。稿件一经发表，即奉稿酬，稿酬从优，并赠送作者样刊5册。

（八）本征稿启事常年有效。

《区域史研究》编辑部

图书在版编目(CIP)数据

区域史研究:创刊号.总第1辑/温春来主编.--北京:社会科学文献出版社,2019.6
ISBN 978-7-5201-4129-1

Ⅰ.①区… Ⅱ.①温… Ⅲ.①地方史-研究-中国-丛刊 Ⅳ.①K29-55

中国版本图书馆CIP数据核字(2018)第293021号

区域史研究·创刊号(总第1辑)

主　　编 / 温春来

出 版 人 / 谢寿光
责任编辑 / 郑庆寰

出　　版 / 社会科学文献出版社·历史学分社(010)59367256
　　　　　　地址:北京市北三环中路甲29号院华龙大厦　邮编:100029
　　　　　　网址:www.ssap.com.cn
发　　行 / 市场营销中心(010)59367081　59367083
印　　装 / 三河市龙林印务有限公司
规　　格 / 开　本:787mm×1092mm　1/16
　　　　　　印　张:13　字　数:180千字
版　　次 / 2019年6月第1版　2019年6月第1次印刷
书　　号 / ISBN 978-7-5201-4129-1
定　　价 / 79.00元

本书如有印装质量问题,请与读者服务中心(010-59367028)联系

▲ 版权所有 翻印必究